L'ANGLAIS
Mangeur d'Opium

Traduit de l'Anglais et augmenté

PAR A. D. M.

ALFRED DE MUSSET

AVEC UNE NOTICE

PAR

M. Arthur Heulhard

PARIS

LE MONITEUR DU BIBLIOPHILE

34, RUE TAITBOUT, 34

—

1878

L'ANGLAIS

Mangeur d'Opium

L'ANGLAIS
Mangeur d'Opium

Traduit de l'Anglais et augmenté

PAR A. D. M.

ALFRED DE MUSSET

AVEC UNE NOTICE

PAR

M. Arthur Heulhard

PARIS

LE MONITEUR DU BIBLIOPHILE

34, RUE TAITBOUT, 34

—

1878

NOTICE

I

E voilà ! Nous le tenons !
C'est bien lui ; c'est le fa-
meux *Anglais mangeur
d'opium*, que ni M. Paul
de Musset, ni l'éditeur
Charpentier, ni l'éditeur
Lemerre n'ont pu déni-
cher où que ce soit, pour
compléter leurs éditions des *Œuvres... com-
plètes* d'Alfred de Musset.

Et vraiment, la disparition *complète* de ce
volume était un deuil pour les admirateurs du
poète, dont l'œuvre entière, jusqu'en ses minu-
ties, est aujourd'hui réunie et livrée à la posté-

rité. Quoi ! des canevas de pièces égarées, des bribes de poèmes à peine ébauchés, des fragments de lettres auraient été recueillis, classés, réimprimés, et au travers du crible où l'on a passé ces paillettes d'or, on aurait laissé échapper un lingot, un livre, un livre, entendez-vous bien ? un livre de plus de deux cents pages !

Le *Moniteur du Bibliophile* souffrait de cette lacune. Un ouvrage signé d'un des plus glorieux noms de France était perdu : nous l'avons retrouvé et nous ne réclamons d'autre récompense honnête que la gratitude de tous ses amis.

Lorsque M. Charpentier publia, il y a quelque dix ans, l'édition in-octavo des *Œuvres d'Alfred de Musset*, annoncée comme complète et définitive, un fanatique du poète s'indigna des prétentions du libraire et consigna ses récriminations dans une brochure de dix-neuf pages, parue chez Pincebourde, en 1867, sous le titre d'*Etude critique et bibliographique des Œuvres d'Alfred de Musset*, pouvant servir d'appendice à l'édition dite de souscription. Ce pamphlet, écrit sur le ton de la plus vive irritation, et dont je soupçonne Asselineau d'être l'auteur, encore que la langue y soit quelquefois violée, taxe d'impiété fraternelle, ou peu s'en faut, la négligence de M. Paul de Musset, et de trahison, ou peu s'en faut, l'incurie de M. Charpentier. A Dieu ne plaise que j'épouse une querelle, à mon sens, beaucoup trop envenimée !

S'il est vrai que cette édition mente à son titre par quelque endroit, il ne suit pas de là qu'il faille rejeter M. Paul de Musset et M. Charpentier hors du sein de l'orthodoxie bibliographique ; car ni l'un ni l'autre n'étaient tenus par la gorge de posséder les parties quasi-introuvables de l'œuvre d'Alfred de Musset. Que diable ! on ne coiffe pas ainsi les gens du bonnet d'âne !

L'auteur de l'acrimonieuse brochure dénonce impitoyablement les erreurs, omissions, lacunes, interpolations de texte et de date dont on s'est rendu coupable. L'omission qui lui tient le plus à cœur et qui lui semble la plus inexplicable, est celle de l'*Anglais mangeur d'opium*. Il s'étonne qu'après la note, d'ailleurs dédaigneuse, que M. Paul de Musset y consacre dans sa notice sur son frère (voir le volume des *Œuvres posthumes*), et la mention qui en est faite en tête du catalogue des ouvrages d'Alfred de Musset, ce livre ait été banni d'une édition tant vantée : « Que le livre fût bon ou mauvais, poursuit-il, là n'est pas la question, quoiqu'il vaille beaucoup mieux que ne veut le faire croire le frère de l'auteur ; mais il nous semble hardi, dans une publication si soigneusement lancée et annoncée

comme définitive de l'œuvre complète d'un de
nos premiers poètes contemporains, de suppri-
mer ainsi son premier livre, après en avoir cependant constaté, à deux reprises, l'existence et
l'authenticité d'ailleurs incontestables. » Encore
une fois, critique vétilleux, ces messieurs ne sont
pas les sacriléges que vous dites : ils ne suppri-
ment pas, ils ne tronquent pas, ils n'élaguent
pas ; au contraire, ils font pour le mieux, et s'ils
vous privent de l'*Anglais mangeur d'opium*,
c'est qu'ils ne l'ont pas. Croyez-en, au moins,
M. Paul de Musset, qui l'avoue de la meilleure
grâce du monde, dans le passage suivant de sa
Biographie d'Alfred de Musset, parue l'an dernier chez Charpentier :

« Alfred à dix-huit ans s'estima heureux
d'avoir à traduire de l'anglais un petit roman
pour la librairie de M. Mame. Il avait adopté
ce titre simple : le *Mangeur d'opium*. L'éditeur
voulut absolument l'*Anglais mangeur d'opium*.
Ce petit volume *dont on aurait, sans doute,
bien de la peine à retrouver un exemplaire aujourd'hui*, fut écrit en un mois. Le traducteur,
sans être trop inexact, introduisit dans les rêveries du héros étranger quelques-unes des impressions que lui avait laissées le cours d'anatomie descriptive de M. Bérard. Personne ne
prit garde à cette publication sans nom d'auteur. »

Or, il y avait, dans Paris, un enragé Musso-
lâtre qui ne désespérait pas de rencontrer ce
Mangeur d'opium, qui se dérobait aux éditeurs
avec une adresse de Peau-rouge. Un beau jour
de 1868, ce déterminé chasseur de livres, artiste
aussi distingué que bibliophile heureux, j'ai
nommé M. Charles Soto, réussit à forcer la
bête sur le parapet d'un quai.

A partir de ce moment, Soto devint le « cauchemar du libraire et de l'amateur. » Il alliait
la malice à la férocité. Il entrait dans une boutique et s'adressant à l'employé : « Vous avez
un Musset complet ?... Bien. Dites-moi donc
si le *Mangeur d'opium* est dans ses *Œuvres
posthumes* ou dans ses *Mélanges de littérature?* D'autres fois, il demandait qu'on le lui
prêtât pour une petite vérification ! Le perfide !
Abordant un riche collectionneur, il le prenait
familièrement par le bras, et d'un air d'inno-
cence : « Il y a longtemps que je voudrais avoir
votre sentiment sur le *Mangeur d'opium* de
Musset ! » Et le riche collectionneur, attéré,
blêmissait. Le jour vint où ceux qu'il torturait
ainsi faillirent goûter les fruits amers de la ven-
geance. La maison qu'il habitait au coin de la
rue de Rivoli fut incendiée en 1871, et, quand
il rentra dans Paris, une partie de ses chers
livres flambait au feu de la guerre civile.

Mais le *Mangeur d'opium* était sauvé !

M. Soto n'a pas voulu que le seul exemplaire connu d'un ouvrage inconnu d'Alfred de Musset courût de nouveau les risques d'un pareil sinistre. Avec un désintéressement et une complaisance qui nous touchent infiniment, il a consenti à nous le confier pour être réimprimé dans le *Moniteur du Bibliophile*.

Et nous nous acquittons.

II

L'*Anglais mangeur d'opium* est le premier livre d'Alfred de Musset, et, par l'étendue, l'un des plus importants qu'il ait écrits en prose. Il n'est primé, dans l'ordre chronologique, que par la petite poésie de la *Branche de Myrte*, insérée dans la *Psyché* de 1826, une autre dans un journal de Dijon, et sa *Thèse latine* imprimée en 1827; à moins que des fouilles plus heureuses n'amènent à la surface quelque morceau peu important produit dans l'intervalle, et j'en doute

L'édition originale, et qui, grâce à nous, ne sera plus unique, est un in-12 de 221 pages, y compris xvi feuillets préliminaires, sous ce titre :

L'Anglais mangeur d'opium, traduit de l'anglais par A. D. M. (Paris, Mame et Delaunay-Vallée, libraires, rue Guénégaud, n° 25. xdcccxxviii. — Imprimerie de Cosson, rue Saint-Germain-des-Prés, 9.)

L'original anglais, intitulé *Confessions of an English opium eater*, est du célèbre Thomas de Quincey, mort deux ans après son traducteur, en 1859. Paru, d'abord, dans le *London magasine* de 1821, puis en un volume in-12, en 1822, il a été plusieurs fois retouché, enjolivé, augmenté par l'écrivain, et n'a pas eu moins de sept éditions de l'autre côté du détroit, où Quincey a laissé une renommée d'humoriste des mieux établies.

Charles Baudelaire s'est épris, par idiosyncrasie (par singularité de tempérament : ce joli mot est de son vocabulaire) du livre de Thomas de Quincey. La seconde partie de ses *Paradis artificiels* : *Opium et Haschisch*, n'en est qu'une éloquente paraphrase, et le scoliaste confesse qu'il s'est contenté de dérouler « ce merveilleux livre comme une tapisserie fantastique aux yeux du lecteur. »

Thomas de Quincey, philosophe trop subtil, moraliste très entaché de fatalisme, historien d'imagination vagabonde, au demeurant plein d'esprit, d'honneur et d'humanité, se fit *mangeur d'opium* à la suite d'une escapade de jeunesse que vous lirez tout à l'heure dans la poétique narration qu'il en a faite. Vous le verrez au début absorbant l'opium pour oublier la faim, puis, à la fin, pour voyager en fantôme au milieu des civilisations antiques, vers lesquelles le portaient naturellement de fortes études classiques.

Thomas de Quincey eut l'héroïsme de s'offrir en holocauste au poison, et le courage de tenir registre de ses voluptés et de ses souffrances. L'action de l'opium sur son organisme est décrite par lui dans toutes ses phases. Elle étend un voile autour de sa tête, mais assez transparent pour le laisser voir au travers. C'est une manière d'extase panoramique. Il a des visions gigantesques, énormes, où la proportion des objets est centuplée ; il entrevoit des architectures colossales, dorées d'un soleil assyrien. Il réveille dans leur torpeur et les dieux grimaçants de l'Inde, et les mythes orientaux, et les sphynx endormis sur leurs mornes croupes au milieu des sables brûlants d'Afrique, et les grêles ibis de la hiératique égyptienne, haut-perchés sur leurs pattes sacrosaintes. Figurez-vous le roman terrible d'un archéologue, sain de corps et d'âme, qui s'inocule volontairement le venin de la folie, qui sophistique en lui la notion de la perception exacte, et s'enfonce à l'aventure dans des fouilles qu'il n'est plus maître d'arrêter. C'est cette expérience tentée sur son individu, au mépris de toute hygiène, que raconte de Quincey dans ses *Confessions*. Il se met lui-même en scène, dans cette clinique de la témérité humaine.

La maladie le terrasse, la fièvre du rêve l'obsède; ses nerfs se tendent comme la corde d'un arc, et il continue à se gorger d'opium. L'illusion du rêveur est d'autant plus forte, que son érudition la peuple d'êtres historiques reconnaissables à leurs attributs : au moment où il va perdre l'équilibre dans l'espace infini, sa mémoire de savant est là qui apporte des pierres angulaires aux monstrueux édifices bâtis par son imagination, et leur donne les couleurs de la réalité. Il loge des mondes dans sa tête, au risque de la faire éclater comme une chaudière excédée. Martyre plus douloureux que celui d'Ixion, des Danaïdes ou de Prométhée, ces damnés de la mythologie !

Thomas de Quincey eût dû y laisser la raison : il n'eut que l'incubation de la folie, et sortit victorieux du naufrage qui avait menacé ses facultés intellectuelles, en criant : Terre!

Le livre d'un homme aussi extraordinaire ne
manqua pas son effet au pays de l'excentricité.
Les misses alanguies, les ladies d'humeur con-
quérante, dévorèrent à l'envi ce keepseake
d'émotions romanesques.

III

Maintenant, comment Musset fut-il séduit
par cette Iliade opiacée? Musset, qui songea
d'abord à se vouer à la médecine, la considéra-
t-il comme une annexe de ses études? Fut-il
attiré vers le conteur anglais par le même amour
des sensations violentes et factices? Il nous
paraît que la date de la traduction répond
péremptoirement à la question. L'année 1828
a sa signification particulière dans l'histoire
de la révolution littéraire qui éclata deux ans
plus tard. Elle est l'aurore du romantisme. En
ces temps, le byronisme sévissait. Le spectre
d'Young assombrissait les nuits des collégiens
de seize ans. Ces jeunes gens, dont plusieurs
avaient du génie, mouillaient de pleurs métaphy-
siques les durs oreillers de l'internat, et croyaient
se draper, en passant leurs culottes, dans les
oripeaux de Lara. Plus qu'aucun autre, Musset,

avant de suivre sa voie, abandonna la France
de Rabelais pour le moyen âge de l'Allemagne
et de l'Angleterre. Élégant de l'élégance insu-
laire, blond, élancé, serré à la taille par la
redingote à la Brummel, Musset, considéré
d'ensemble, pouvait tromper sur sa race, et
charriait, à fleur de peau, du sang d'aristocratie
saxonne. Il ne reniait point ces attaches extérieures au dandysme, à l'héroïsme byronien, et
jamais, dans sa plus grande ferveur romantique,
il n'eut l'inculte aspect du bousingot. Il n'est
pas jusqu'à son débraillé qui ne sente encore le
gentilhomme, et si bas qu'il descende dans le
bourbier des passions humaines, il porte au
front je ne sais quel rayon qui part d'en haut.

Musset joua de bonne heure à ce jeu de
désespérance, qui est un attribut de la déception
mal supportée. Et peut-être lui a-t-il manqué,
pour être le plus grand des poëtes, de mettre
son cœur à tremper dans un bain de philosophie.
Depuis il s'est moqué de lui-même, mais il n'en
fut pas moins victime de la mode. Il commença
donc par crier à l'assassinat de son âme, avant
même qu'elle fût entamée, pour obéir au mot
d'ordre de *navrement* universel qui soufflait
de la Tamise. Les Confessions de Thomas de
Quincey, cette conspiration d'un homme contre
soi, tentèrent cet enfant qui ne guerroya pas

moins contre sa raison que de Quincey lui-
même. Il les traduisit sans doute avec amour,
mais un peu à la façon de Perrault d'Ablan-
court, dont on appelait les traductions « les
belles infidèles. » S'il tombe en communauté
d'impressions avec son auteur, il se laisse aller
à des digressions personnelles ; il n'hésite pas
à se substituer à lui et à prendre les effets de
l'opium pour son propre compte. Nous avons
soigneusement vérifié ces intercalations sur le
texte étranger, et nous avons séparé ce qui
revient à Musset de ce qui est à Quincey.
D'ailleurs, nous avons poussé le scrupule jusqu'à
respecter les menus détails de l'édition de 1828,
et sauf quelques guillemets replacés dans les
interlocutoires, et le rétablissement de la ponc-
tuation pour la clarté de la phrase, nous n'avons
rien dénaturé ni altéré du texte primitif.

Qu'on partage ou non l'enthousiasme de
Baudelaire pour le livre de Quincey ; la traduction d'Alfred de Musset, et surtout les réflexions
qu'il y ajoute en son privé nom, sont d'un intérêt indiscutable. Si courte qu'ait été sa con-
version à l'opium, elle est un trait de lumière
dans les ténèbres de ce caractère fait de con-
trastes et de nuances souvent insaisissables.

En rééditant ce volume, écarté sans prémédi-
tation maligne des *Œuvres* de Musset, nous

plaidons la cause du public, qui a droit à des impressions exactes sur celui qu'il lit et qu'il aime, comme le piéton a droit au poteau indicateur des distances et des directions sur le chemin qu'il parcourt.

Or, dans le fait seul d'avoir translaté de l'anglais en français les singulières élucubrations du Mangeur d'opium, il faut voir la première tendance d'esprit du poëte. Il y a toujours un lien mystérieux entre celui qui est traduit et celui qui traduit, et Musset a plus d'une fois scellé cet accord secret de pensées. Toutefois, la lecture des terribles ébranlements cérébraux dont s'est plaint de Quincey a pu être le remède abortif des inclinations de Musset pour les toxiques.

Sa lettre à Paul Foucher, datée du château de Cogners, le 23 septembre 1827, est un écho vibrant des idées noires qui lui présagent une vie tourmentée. Le spleen l'assiége, et il voudrait le traiter à l'anglaise : « Si je me trouvais dans ce moment-ci à Paris, dit-il, j'éteindrais ce qui me reste d'un peu noble dans le punch et la bière, et je me sentirais soulagé. On endort bien un malade avec de l'opium, quoiqu'on sache que le sommeil lui doive être mortel ! J'en agirais de même avec mon âme ! » Presque toute la lettre est sur ce ton de décourage-

ment et d'écœurement prématurés, et c'est un
adolescent de dix-huit ans à peine qui parle !
L'admirable chapitre qui ouvre les *Confessions
d'un enfant du siècle* jette une magnifique lumière sur cet état psychologique de la première
génération de ce siècle. Et, si on appliquait à
cette aberration les leçons de l'histoire, il faudrait y reconnaître une sorte de *vapeurs* mascu-
lines succédant aux vapeurs féminines du siècle
précédent.

Si Musset n'ingurgite pas l'opium comme
l'humoriste anglais, est-ce que toute sa vie n'est
pas le reflet d'un rêve opiacé ? Est-ce qu'il n'a
pas les langueurs de la mélancolie et les sou-
bresauts de la névrose ? Est-ce qu'il n'est pas
l'Hamlet de l'idéal, toujours entraîné par des
destinées plus fortes que ses volontés ?

Nous le répétons : l'*Anglais mangeur d'o-
pium* est d'une importance capitale dans la vie
de Musset : il en éclaire certains recoins, comme
par un rayon de lanterne sourde. Il dénonce
toute une éducation de spleenique ; il explique
les stupéfiants mélanges de houblon et de rhum
du café d'Orsay, cette furia britannique au

plaisir, et cet humour dans ses amours, quand

Enveloppant Paris dans la brume de Londres,

il allait nuitamment frapper au heurtoir des bouges.

Il explique aussi, par contre-coup, les revirements moraux de celui qui s'offrit le luxe d'étonner Dieu par des invocations célestes, et qui dut lui causer la surprise que lord Seymour causerait à Saint-Pierre en demandant les clefs du paradis à ce frère tourier des étoiles.

ARTHUR HEULHARD.

Au lecteur,

e vous offre, lecteur béné-
vole, l'histoire d'une époque
remarquable de ma vie ; si
vous n'y trouvez l'agréable,
soyez sûr d'y trouver l'utile :
c'est dans cette espérance
que j'écris, et ce sera mon
excuse si je parais soulever
trop hardiment ce voile de
pudeur ou de pitié dont se couvrent avec tant
de soin l'infirmité et l'erreur. Rien, en effet,
n'est plus révoltant pour la délicatesse
anglaise que le spectacle d'un être souffrant.
L'esprit a ses plaies et ses blessures aussi

cruelles et souvent plus horribles que celles du corps. Tels seront peut-être les tristes objets qu'il vous faudra voir dans ces confessions extra-judiciaires. Et cependant, si nous eussions voulu nous mettre en sympathie avec la société décente, où chacun sait tenir son quant-à-soi, n'avions-nous pas pour point de mire la littérature française, ou cette partie de la littérature allemande empreinte encore de la faiblesse et de l'exquise sensibilité des Français? Cela, je le sens si bien et si fort, que j'ai longtemps hésité à laisser mon livre ou une partie de mon livre, m'exposer nu aux yeux de tout le monde; et ce n'est qu'après avoir mûrement réfléchi à toutes les raisons pour ou contre, que je me suis décidé à me confesser avant ma mort; car alors, pour plusieurs motifs, tout doit être connu.

Le crime ou la misère s'écartent du grand jour : ce qu'ils doivent aimer, c'est la solitude; jusque dans le commun cimetière, la mort va les reléguer à la dernière place, et leur refuse le titre de frère dans la grande famille des hommes.

Mais, puisque ces confessions ne sont pas des révélations de crimes, et que, d'ailleurs, même dans cette hypothèse, il peut en résulter quelque bien pour autrui, j'ai dû faire violence à ces

*sentiments reçus, et compenser l'exception à la
règle par l'utilité d'une expérience, que le lecteur peut acheter à si bon marché. L'infirmité et
la misère, d'ailleurs, ne sont pas toujours crime;
ils forment ou subissent cette triste alliance en
proportion des motifs et des vues du coupable,
et des palliatifs connus ou secrets en proportion
des tentations plus ou moins puissantes et de la
résistance plus ou moins heureuse dans ses
efforts* (1). *Pour ma part, sans offenser la
vérité ou la modestie, je puis dire que ma vie a
été entièrement celle d'un philosophe. Dès ma
naissance, pendant mes jours d'écolier, les
plaisirs que j'ai poursuivis étaient intellectuels;
si les plaisirs de l'opium sont sensuels, et si je
dois avouer que je les ai recherchés jusqu'à un
excès dont on n'avait point gardé d'exemple* (2),
*il n'en est pas moins vrai que j'ai lutté avec un
zèle religieux contre cette entraînante passion,
et que j'ai fait ce que nul autre n'avait fait.
J'ai brisé, presque jusqu'au bout, la chaîne
maudite qui m'entourait. Une telle conquête
doit faire oublier une telle faiblesse; ajoutez
encore que le triomphe est toujours inatta-
quable, tandis que l'on peut excuser la défaite,*

(1) Phrase peu compréhensible (A. H.)

(2) *Gardé*, dis-je. Car un homme célèbre de ces temps-ci
est allé beaucoup plus loin que moi, si l'on dit vrai.

selon qu'elle est la consolation d'une peine ou la recherche d'un plaisir.

Pour le crime, j'en repousse donc l'idée; et quand elle serait juste, il serait possible qu'on me la pardonnât, en considération des services que je veux rendre à la classe entière des mangeurs d'opium. Mais où sont-ils? Lecteur, j'en suis fâché, mais ils sont en grand nombre. Je m'en suis convaincu, il y a quelques années, en calculant combien de gens alors, dans une petite classe de la société (celle des hommes distingués par leurs talents ou par les postes éminents qu'ils occupent), pouraient être comptés parmi les mangeurs d'opium. Ainsi, par exemple, l'éloquent M......, le dernier comte de..... lord....., M..... le philosophe, un des derniers sous-secrétaires d'état (qui me raconta quelle sensation il avait éprouvée le premier jour qu'il en prit, dans les mêmes termes que le comte de....., savoir « qu'il lui semblait que des rats lui rongeaient l'estomac »); M......, et plusieurs autres aussi connus, qu'il serait trop long de nommer. Maintenant, si une classe si limitée peut fournir tant d'exemples (et cela sur l'enquête d'un seul observateur), n'en doit-on pas inférer que l'entière population de l'Angleterre en donnerait en nombre proportionnel? J'en doutai cependant, jusqu'à ce que des faits venus à ma connaissance m'eussent confirmé dans cette conclusion. J'en rapporterai deux : 1° trois respectables pharmaciens de Londres, dans différents quartiers de la ville, me dirent, en me vendant quelques grains d'opium, que la quantité des mangeurs d'opium était immense, et que la difficulté de distinguer les personnes à qui l'usage avait rendu ce poison nécessaire, de celles qui en achetaient dans un dessein sinistre, leur attirait chaque jour des reproches. Voici pour Londres; 2° quelques années après, passant à Manchester, plusieurs entrepreneurs de manufactures de coton m'assurèrent que l'habitude de prendre de l'opium s'introduisait parmi les ouvriers; tellement qu'un samedi, dans l'après-midi, les comptoirs des pharmaciens étaient couverts de petits paquets d'un ou deux grains d'opium, préparés d'avance pour le soir. La cause de cette mode était la modicité des prix de journées qui les privait alors des moyens de se procurer de l'ale et des liqueurs spiritueuses; la hausse aurait donc pu la faire cesser. Mais, comme je ne puis croire qu'un homme ayant connu de pareilles jouissances, puisse revenir ensuite au premier usage de l'alcool, je tiens pour certain :

Qu'on peut le prendre avant de le connaître.

Mais non le quitter l'ayant pris.

Sérieusement, le pouvoir de l'opium a été admis par les médecins mêmes qui sont ses ennemis nés ; ainsi, par exemple, Awsiter, apothicaire de l'hôpital Greenwich, dans les Essais sur les effets de l'opium (publiés en l'an 1763), essayant de trouver pourquoi Mead avait trop peu expliqué la nature et les pro-priétés de ce poison, s'exprime ainsi mysté-rieusement (φωνᾶντα συνετοῖσι) *: « Peut-être a-t-il trouvé le sujet trop délicat pour être commu-niqué au public, et comme beaucoup de gens pourraient en user sans discernement, la crainte qu'il fallait en inspirer a pu détourner les gens sages d'en faire l'expérience ; il y a dans* l'opium des propriétés qui, si elles étaient con-nues, en rendraient l'usage plus commun chez nous que chez les Turcs eux-mêmes ; » *et ce résultat, dit-il, prouverait une misère géné-rale. Je ne suis pas d'accord sur la conclusion ; mais j'en parlerai à la fin de mes confessions, où je compte offrir au lecteur la morale de cet ouvrage.*

L'ANGLAIS

Mangeur d'Opium

PREMIÈRE PARTIE

'AVAIS sept ans lorsque mon père mourut, me confiant aux soins de quatre tuteurs. Je fus envoyé à plusieurs écoles, grandes et petites ; on m'y distingua surtout pour mes progrès dans la langue grecque. A treize ans, je l'écrivais avec facilité, et à quinze, non-seulement je composais des vers grecs, en mètre lyrique, mais je le parlais aisément, perfection à laquelle aucun écolier n'était parvenu de mon temps, et que je devais à mon habitude de lire tous les jours les gazettes en grec aussi bon que possible, *ex tempore :* car la nécessité d'exercer ma mémoire, et mon imagination à trouver toutes les combinaisons des périphrases équivalentes aux

idées modernes, aux récits des choses nou-
velles, etc., me donna un tact et une mesure que
la traduction de tous les essais moraux ou autres
ne m'aurait jamais fait obtenir. « Ce garçon-là, dit
un de mes maîtres à un étranger qui visitait la
pension, est en état de haranguer un auditoire en
grec, mieux que vous ou moi ne pourrions le faire
en anglais. » Celui qui parlait ainsi était un savant et « un bon classique, » et de tous mes instituteurs le seul pour qui j'eusse quelque affection
et quelque respect. Malheureusement pour moi (et,
comme je le sus plus tard, à la grande indignation
de cet honnête homme), je fus enlevé à ses soins
pour être transmis à la garde, d'abord d'un imbé-
cile poursuivi perpétuellement d'une frayeur, panique que lui causait son ignorance mal déguisée ;
et, enfin, d'un vénérable professeur qui dirigeait un
grand et ancien collège. C'était un homme bien
strict et bien exact, mais (comme la plupart des
professeurs du collége d'Oxford) rude et *mal-plai-
sant*. Misérable contraste avec l'élégance étonienne
de mon maître favori ! De plus, il ne pouvait cacher à nos observations quotidiennes la pauvreté
et la maigreur de son intelligence. C'est une triste
chose pour un enfant que de se sentir au-dessus de
ses instituteurs, soit en science, soit en facultés. Je
n'étais pourtant pas seul dans ce cas-là, car deux
de mes compagnons d'étude étaient meilleurs hel-
lénistes que le supérieur, quoique non moins
inhabiles à sacrifier aux grâces. Lorsque j'y entrai,
je me souviens que nous lûmes Sophocle, et c'était

un continuel triomphe pour le savant triumvirat,
de voir notre « Archididascalus » (comme il aimait
à être appelé), apprenant notre leçon avant de nous
l'expliquer, et prenant une marche régulière pour
sauter à pieds joints, au moyen de la grammaire et
du *lexicon*, par-dessus les chœurs trop difficiles.
Comme nous ne voulions jamais ouvrir nos livres
avant qu'il eût fini son exercice préparatoire, nous
passions ordinairement le temps à faire des épi-
grammes sur sa perruque, ou quelque autre chose
d'une égale importance. Mes deux compagnons
étaient pauvres et attendaient tout de l'Université,
sur la recommandation du maître ; mais moi, qui
possédais un petit patrimoine suffisant pour mon
entretien au collége, je n'avais qu'une idée, c'était
d'en sortir. Je m'épuisai en vaines demandes et
rapports inutiles auprès de mes tuteurs. L'un d'eux,
le plus raisonnable et le plus instruit, demeurait
loin ; deux autres avaient laissé leur autorité au
quatrième, avec qui j'avais à négocier : digne
homme, mais hautain, obstiné et impatient. Après
un certain nombre de lettres et d'entrevues, trou‑
vant mon ennemi incorrigible, et même exigeant,
je résolus de prendre d'autres mesures.

L'été arrivait alors à grands pas, et j'entrais dans
ma dix-septième année, année après laquelle je
m'étais fait à moi-même le serment de ne plus être
compté parmi les écoliers. L'argent étant ce dont
j'avais surtout besoin, j'écrivis à une dame de haut
rang qui, bien que très-jeune, m'avait vu très-petit,
et m'avait dernièrement traité avec une grande

distinction. Je lui demandai qu'elle me prêtât cinq guinées. La réponse se fit attendre une semaine. Je perdais enfin l'espérance, lorsqu'un domestique vint m'apporter une lettre avec une couronne sur le cachet. L'épitre était douce et aimable ; ma belle correspondante était aux eaux, et c'était là le motif du retard qui m'avait tant inquiété ; du reste, je trouvai le double de ce que je demandais, et mon heureux caractère me suggéra aussitôt cette idée que, si je ne le lui rendais *jamais*, elle n'en serait pas plus pauvre.

Tout, maintenant, était prêt pour mon escapade; dix guinées à ajouter à deux (ou environ) qui me restaient de mon argent, me semblaient un trésor à n'en jamais finir; c'est à cet âge heureux, si le pouvoir de créer appartient à l'homme, que l'esprit de plaisir et d'espérance doit le rendre infini !

C'est une juste remarque du docteur Johnson (et même, ce qu'on ne peut pas dire de toutes ses remarques, c'en est une prise dans le cœur humain), que nous ne pouvons, en conscience, faire pour la dernière fois, sans quelque souci, une chose que nous sommes habitués à faire tous les jours. Je sentis profondément cette vérité, lorsque j'en vins à quitter un endroit que je n'aimais pas, et où je n'avais jamais été heureux.

Le soir qui précéda ma fuite, lorsque dans la vieille et sombre salle j'entendis pour la dernière fois la prière du soir, et que l'appel étant fait, mon nom sortit le premier comme d'habitude, je m'avançai, et passant devant le maître qui se

tenait debout, je le saluai et regardai attentivement
en face, — « Il est vieux et infirme, pensais-je, je
ne le reverrai plus en ce monde. » J'avais raison ; je
ne l'ai jamais revu, ni ne le verrai jamais. Il me
regarda d'un air bienveillant, sourit, me rendit
mon salut (ou plutôt mon adieu), et nous nous sé-
parâmes pour toujours. Je ne pouvais l'aimer *in-
tellectuellement;* mais il avait toujours été bon
pour moi ; il m'avait traité avec une grande indul-
gence, et l'idée qu'il serait mortifié de ma fuite me
fit de la peine.

Vint enfin le jour qui devait signaler mon entrée dans le monde, et qui a tant influé sur ma vie
entière. Je logeais dans le corps de logis du *maître*,
et l'on m'avait accordé une chambre particulière,
qui me servait de dortoir et de salle d'étude. A trois
heures et demie du matin, je me levai, et regardai
avec émotion les tours « dorées par le jour naissant»
qui commençaient à témoigner la présence du plus
ardent soleil de juillet. Je demeurai ferme dans ma
résolution, mais comme agité par la crainte d'un
danger inconnu ; et, certes, si j'avais vu l'orage
prêt à crouler sur ma tête, j'aurais été plus agité
encore. Pourtant, le paisible et profond repos dont
j'étais entouré dissipa, en quelque sorte, cette vague
inquiétude. Le silence du matin est plus profond
que celui de minuit, et pour moi le silence d'une
matinée d'été est plus touchant que tout autre silence, car la lumière étant vive et pure, il ne diffère
alors du jour que par l'absence de l'homme ; ainsi
la paix de la nature reste et s'étend sur tous les

êtres, jusqu'au moment où l'homme, avec son esprit mobile et impatient, en vient troubler la sainteté ! Je m'habillai, pris mon chapeau et mes gants. Depuis un an et demi, cette chambre avait été « la citadelle de mes pensées; » j'en pouvais dire comme André Chénier (1) :

Là je dors, chante, lis, pleure, étudie et pense.

Et quoiqu'il fût vrai que dans les derniers temps, moi qui suis né pour aimer et être heureux, je fusse devenu sombre et morose durant ma fièvre de détention, cependant, d'un autre côté, en ma qualité d'amateur de la science et des plaisirs de l'esprit, je ne pouvais pas avoir été privé de toute espèce de jouissances au milieu de ma tristesse habituelle. Je pleurai en regardant ma chaise, mon écritoire et mes livres. Maintenant que j'écris ceci, il y a dix-huit ans entre moi et ce souvenir ; cependant, en ce moment même, je vois, aussi distinctement que si cela s'était passé hier, les traits et l'impression du dernier objet qui eut mon dernier regard. C'était un portrait de la belle... qui pendait sur la cheminée ; sa bouche et ses yeux étaient si divins, et tout son air si plein de bienveillance et de grâce, et en même temps de tranquillité plus qu'humaine, que cent fois j'avais laissé tomber ma plume ou mon livre pour puiser un peu de joie dans cette contemplation céleste, comme un dévot aux pieds de sa madone !

(1) Cette citation n'est pas dans les éditions anglaises que nous avons eues sous les yeux. C'est sans doute Musset qui intervient. (A. H.)

Tandis que je regardais, quatre heures sonnèrent. Je courus au tableau, je l'embrassai, et sortis doucement.....

Les ris et les pleurs se confondent si bien dans la vie, que je ne puis m'empêcher de rapporter un incident qui pensa faire échouer mon projet, et dont pourtant je souris encore. J'avais un paquet très lourd; car, outre mes habits, il contenait presque toute ma bibliothèque. La difficulté était de le transporter à une voiture; ma chambre, d'autre part, était perdue dans les airs, et pour comble de malheur, on ne pouvait sortir du palier qu'en traversant la galerie où venait aboutir la chambre du supérieur. J'étais l'enfant gâté de la maison; sachant bien que je ne serais pas trahi, j'avais mis dans ma confidence un des *grooms* du maître. Il arriva donc, ayant juré d'être discret, et se chargea de mon coffre. J'avais peur qu'il ne fût trop lourd, quoique j'eusse affaire à un homme

> *Aux épaules d'Atlas, capable de tenir*
> *Le poids des plus larges royaumes.*

Il avait un dos grand comme la plaine de Salisbury.

Il persista donc à vouloir emporter seul le paquet fatal, tandis que je prêtais l'oreille aux moindres craquements de la cloison. Pendant quelque temps, je l'entendis descendre d'un pied ferme et léger; mais, hélas! comme il franchissait le pas dangereux, il glissa, et le terrible fardeau, quittant l'épaule du porteur, continua sa route, si bien que gagnant de la force à chaque marche, il arriva ou plutôt se lança avec un bruit de trente diables contre la porte de l'Archididascalus. Ma première idée fut que tout était perdu ; et ma seule chance de salut était dans le sacrifice de mon bagage. Cependant la réflexion me fit attendre l'issue de l'aventure. Le groom était plus qu'alarmé, autant pour moi que pour lui ; mais, en dépit de sa frayeur, le contre-temps redouté avait si irrésistiblement excité sa gaieté bruyante, qu'il se perdait dans un long et éclatant témoignage de sa joie, capable d'éveiller les sept dormeurs. Moi, en l'entendant, je ne pus m'empêcher de l'imiter. Nous attendions dans cette posture que D.... sortît de sa chambre : car ordinairement une souris qui remuait le faisait jeter à bas de son lit. Je ne puis comprendre ce qui l'y fit rester alors. D.... avait une infirmité qui, le tenant souvent éveillé, rendait probablement son sommeil plus profond. Reprenant toutefois courage, le groom arriva en bas sans autre accident ; je restai immobile jusqu'au moment où je vis mon coffre en route vers la voiture. Alors « que la Providence m'accompagne ! » Je partis à pied, emportant un petit paquet sous un bras, et, sous l'autre, un volume in-12 qui contenait environ huit pièces d'Euripide.

Mon intention avait été d'abord de gagner le Westmorland, et deux motifs m'y portaient : l'amour que j'ai pour ce pays, puis quelques raisons particulières à moi. Un accident pourtant me fit changer de direction et je tournai vers le pays de Galles.

Après avoir erré quelque temps dans le Denbighshire, le Merionethshire et le Caernarvonshire, je pris un logement dans une petite maison bien propre, à B..... J'y serais resté longtemps, car la vie y est très facile. Mais le hasard en décida autrement; mon hôtesse avait été la servante, ou la femme, ou la nourrice d'une Dame appartenant à la famille de l'évêque de ....., et il n'y avait pas longtemps qu'elle s'était mariée et *établie* (comme disent les gens du peuple). Dans une petite ville comme B...., il suffisait d'avoir vécu dans la famille d'un évêque pour occuper un certain rang. Et ma bonne hôtesse avait plutôt trop que trop peu d'amour-propre à cet égard. Ce que mylord disait et ce que mylord faisait, son importance au parlement, son influence à Oxford; c'était toute la conversation de tous les jours. Je supportais cela très bien, car je suis d'un trop heureux naturel pour jamais rire au nez de personne, et je prenais en patience le bavardage de la digne femme. Pourtant elle dut s'apercevoir infailliblement que je ne partageais que modérément son enthousiasme; et ce fut peut-être pour se venger de mon indifférence, peut-être par naïveté, qu'elle me répéta un jour une conversation où j'étais pour quelque chose. Elle avait été à l'Évêché présenter ses respects à la famille de son ancienne maîtresse, et, après dîner, on l'avait admise dans la salle à manger. En faisant l'histoire de son économie domes-

tique, elle vint à dire qu'elle avait loué ses appartements; là-dessus le bon évêque prit soin de lui
conseiller de bien choisir ses hôtes, — car, dit-il,
vous devez vous rappeler, Betty, que vous êtes sur
la route de la capitale, et qu'ainsi une multitude
de banqueroutiers irlandais se sauvant en Angleterre, ou de banqueroutiers anglais se sauvant en
Irlande, doivent passer par ce chemin. L'avis sans
doute était raisonnable, mais elle pouvait se contenter d'en faire le sujet de ses méditations privées
sans me mettre dans sa confidence. Ce qui suivait
ne valait pas autant : — Oh! mylord! répliqua
mon hôtesse (ceci venait après d'autres détails), je
ne pense pas réellement que ce jeune homme soit
un banqueroutier, parce que... — Vous ne me
croyez pas un banqueroutier? dis-je en l'interrompant avec indignation : je vous épargnerai dorénavant la peine de faire de telles réflexions! et sans
retard je me disposai à partir. La bonne dame paraissait prête à s'excuser de son mieux; mais une
expression énergique de dédain et de dignité, que
j'ai peur d'avoir appliquée au savant ecclésiastique
lui-même, fit naître à son tour son indignation,
en sorte que toute paix devint impossible. J'étais
vraiment fort en colère de ce que cet évêque avait
fait naître des doutes sur ma probité, quoique d'une
manière bien indirecte, et j'eus l'idée de lui dire
ma façon de penser à cet égard *en grec*, ce qui en
même temps l'aurait peut-être forcé de répondre
dans la même langue, auquel cas il devait paraître
aux yeux de tout le monde que j'étais un meilleur

helléniste. Des réflexions plus sages m'ôtèrent toutefois cette puérile envie : je pensai que l'évêque avait le droit de conseiller une vieille servante, qu'il ne m'avait nullement désigné, et que la même légèreté d'esprit qui avait fait répéter à miss Betty les discours de sa révérence, avait fort bien pu leur prêter un sens trop conforme aux sentiments de l'interprète.

Je quittai la maison dans l'heure même, et cela fut très malheureux pour moi, attendu que, courant d'auberge en auberge, je me fus bientôt débarrassé du peu d'argent qui me restait; enfin je me trouvai réduit au régime le plus sobre qui se puisse imaginer, c'est-à-dire à un repas par jour; et quel repas! Cependant l'appétit qu'à mon âge devaient exciter un exercice violent et l'air vif des montagnes, me causait d'étranges douleurs, car je ne prenais qu'un peu de café ou de thé. Il fallut même bientôt m'en priver, et tout le temps que je demeurai dans le pays de Galles, je vécus de fruits de buissons, de pommes, ou de ce que je pouvais gagner de temps en temps, lorsque je trouvais l'occasion de me rendre utile. J'écrivais quelquefois des lettres pour des fermiers qui avaient des relations à Liverpool ou à Londres; plus souvent des lettres d'amour pour des jeunes filles de Shrewsbury ou d'autres villes environnantes. J'étais alors reçu avec une grande joie et traité généralement avec hospitalité.

Une fois, surtout, près du village de Llan-y-Styndw (ou un nom à peu près pareil), dans une

partie peu habitée du Mérionethshire, je restai
trois ou quatre jours dans une maison où des
jeunes gens m'accueillirent avec tant de bienveillance, que j'en ai conservé un souvenir ineffaçable.
Cette famille consistait en quatre sœurs et trois
frères, tous d'un âge raisonnable, et tous remarquables par l'élégance et la délicatesse de leurs
manières. Je ne me rappelle pas avoir jamais rencontré tant de beauté réunie à un cœur si compa-
tissant et si bon, excepté peut-être une ou deux
fois dans le Westmorland et le Devonshire. Ils
parlaient tous anglais ; et c'est une chose qu'on
trouve difficilement dans une famille si nombreuse,
surtout dans les villages éloignés de la grande route.

J'écrivis, à mon entrée chez eux, une lettre d'affaires, pour un des jeunes gens qui traitait avec un
militaire anglais ; et, plus en secret, deux lettres d'a-
mour pour deux des sœurs. Ces jeunes filles étaient
plus intéressantes qu'on ne peut dire, et très ai-
mables. Au milieu de leur confusion et de leur
rougeur, tandis qu'elles me dictaient, ou plutôt
qu'elles me donnaient des instructions générales,
je n'eus pas besoin de beaucoup de pénétration
pour sentir qu'elles voulaient des lettres aussi
tendres que possible, sans pourtant blesser la délicatesse de l'orgueil féminin. Je parvins à si bien
modérer mes expressions, que l'un et l'autre de ces
deux sentiments se trouva observé, et elles furent
si contentes de la manière dont j'exprimais leur
pensée, que (dans leur simplicité) elles s'étonnèrent
d'avoir été si vite devinées.

La réception qu'on éprouve de la part des
femmes dans une famille, détermine généralement
celle qu'on doit attendre de la famille entière.
J'avais rempli mes fonctions de secrétaire-inter-
prète à la satisfaction générale (peut-être aussi
les amusais-je par ma conversation); enfin, je fus
pressé de rester, avec une cordialité à laquelle je
ne pus résister bien fort. Je couchais avec les
frères, la seule chambre vacante étant dans l'appar-
tement des jeunes femmes ; mais du reste j'étais
traité comme on ne doit pas avoir la prétention de
l'être, avec une bourse aussi légère que la mienne,
comme si ma science eût suffi pour me faire croire
« de bonne famille. » C'est ainsi que je vécus trois
jours et une partie du quatrième : et les marques
d'amitié dont ils me comblaient, me prouvent
qu'ils m'auraient gardé jusqu'à présent si leur volonté avait suffi pour cela. Mais, le dernier jour,
je m'aperçus à déjeuner qu'ils voulaient me dire
quelque chose qui les embarrassait ; et, en effet,
l'un des jeunes gens m'expliqua que leurs parents
étaient partis, la veille de mon arrivée, pour une
assemblée annuelle de méthodistes qui se tenait à
Caernarvon, et qu'ils devaient revenir le jour
même ; et s'ils n'étaient pas aussi polis qu'ils devaient l'être, ils me demandaient au nom de tous de
ne pas m'en offenser.

Les parents revinrent avec des visages grognons,
et « dym sassenach » (il n'est pas anglais) fut tout
ce que je pus obtenir pour réponse à mes poli-
tesses. Je vis de quoi il s'agissait ; et prenant congé

de mes jeunes hôtes, je continuai ma route ; car, bien qu'ils plaidassent auprès de leurs parents avec zèle en ma faveur, et qu'ils voulussent auprès de moi excuser leurs parents eux-mêmes, en me disant que « c'était leur manière », je compris aisément que mon talent pour les lettres d'amour ne me réussirait pas beaucoup mieux auprès de deux braves sexagénaires, de plus méthodistes, que mes saphiques ou mes alcaïques grecs ; et ce qui avait été de l'hospitalité, lorsque je devais tout à l'aimable courtoisie de mes jeunes amis, devenait de la charité avec la rude allure de ces vieilles têtes. Certes, M. Shelley a raison dans ses réflexions sur la vieillesse ; à moins qu'elle ne soit puissamment contrebalancée par des agents de nature contraire, son souffle stérile corrompt et dessèche misérablement tout noble élan du cœur humain.

J'eus presque aussitôt, par des moyens qui sont indifférents au lecteur, l'occasion d'aller à Londres. Et alors commença la dernière et la plus triste période de mes longues souffrances, que je pourrais appeler mon agonie.

DEUXIÈME PARTIE

L me fallut souffrir pendant plus de seize semaines, c'est-à-dire plus de quatre mois, la douleur physique de la faim, à différents degrés de force; mais je crois avoir enduré, en somme, tout ce qu'un homme peut endurer sans mourir. Je n'en ferai point le détail fatigant pour le lecteur; car de pareilles horreurs, lorsqu'elles n'ont été méritées par aucun crime, ne peuvent se raconter sans exciter une pitié vive, et pénible, pour celui qui la ressent. Il suffira de savoir que quelques petits morceaux de pain ramassés après le déjeuner d'un homme (qui me croyait malade, mais non dans une telle misère), et cela à de certains intervalles, faisaient toute ma nourriture. Durant la première époque de mes souffrances (généralement dans le pays de Galles, et toujours dans les deux premiers mois que je passai à Londres), je n'avais pas d'asile et je dormais rarement sous un

toit. J'attribue à cette constante habitude d'être ex-
posé à l'air la force qui m'empêcha de succomber à
mes tourments. Plus tard cependant, lorsque le
temps devint froid, et lorsque mes longues douleurs
eurent commencé à m'affaiblir et à me mettre dans
un état de langueur qui s'augmentait chaque
jour, il fut certainement très heureux pour moi
que ce même homme, qui me permettait de vivre
de ses restes à déjeuner, me donnât pour la nuit
une grande maison déserte, dont il était propriétaire : je l'appelle déserte, car il n'y avait dedans
qu'une table et quelques chaises.

J'y trouvai cependant, en y entrant, un pauvre
enfant tout seul, qui semblait avoir environ dix
ans; mais la faim l'avait probablement aussi fati-
gué; c'était une petite fille, et des souffrances de
cette nature font paraître les enfants beaucoup
plus âgés qu'ils ne sont. J'appris d'elle que, depuis
quelque temps, elle dormait seule dans cet endroit, et elle témoigna une grande joie, quand
elle apprit que dorénavant elle aurait un compa-
gnon dans l'obscurité. La maison était grande;
les rats, manquant aussi de nourriture, faisaient
un tapage infernal dans les cloisons énormes; et
au milieu des douleurs réelles du froid, et sans
doute aussi de la faim, la pauvre enfant, délaissée,
semblait avoir souffert encore davantage de la
frayeur. Je lui promis de la défendre contre tous
les fantômes à l'avenir; mais, hélas ! je ne pus lui
offrir d'autre assistance. Nous étions couchés par
terre, avec une liasse de papiers pour oreiller et

sans autre couverture qu'un grand manteau de
cocher. Nous découvrîmes cependant, plus tard,
dans un grenier, une vieille garniture de sopha et
quelques vieux morceaux de toile qui servirent à
nous préserver un peu du froid excessif. La pauvre
fille se pressait contre moi pour se réchauffer et
pour se défendre des spectres qui lui faisaient
peur.

Lorsque je n'étais pas plus mal qu'à l'ordinaire,
je la prenais dans mes bras, en sorte qu'elle avait
assez chaud et reposait souvent tandis que je veil-
lais, car, pendant cet espace de temps, je dormais
plutôt pendant le jour et je tombais très fréquemment dans des faiblesses extrêmes. Mais dormir me
faisait plus de mal que veiller ; car, outre les rêves
affreux qui m'agitaient sans cesse (et qui pourtant
n'avaient rien d'aussi horrible que ceux que je dé-
crirai plus tard), mon sommeil n'était jamais autre
chose que ce qu'on appelle *dog-sleep* (1) ; de sorte
que je pouvais m'entendre moi-même gémir, et,
quand je m'éveillais, souvent il me semblait que
c'était au bruit de ma propre voix.

Une horrible sensation commença alors à me
hanter; dès que je tombais endormi, j'étais saisi
d'une espèce de soulèvement d'estomac, qui me
forçait à jeter mes pieds violemment en avant pour
le faire cesser. Cette sensation commençant avec
mon sommeil, et l'effort que je faisais pour m'en
débarrasser m'éveillant infailliblement, je ne dormais que d'épuisement et de lassitude, et j'ai déjà

(1) *Dog-sleep,* sommeil de chien.

dit que ma faiblesse, qui augmentait, m'endormait
et m'éveillait continuellement. De plus, le maître
de la maison arrivait quelquefois à l'improviste, et
de très bonne heure; il avait constamment peur
des baillifs; chaque nuit donc il allait coucher dans
un quartier différent de la ville, et j'observai qu'il
ne manquait jamais d'examiner, par une fenêtre
particulière, tous ceux qui frappaient à la porte
avant de permettre qu'on l'ouvrît.

Il déjeunait seul, et, en vérité, sa mesure ordinaire et sa provision de thé lui auraient difficilement permis d'inviter un hôte. Durant ce repas,
je trouvais presque toujours une raison pour rester
auprès de lui, et, avec l'air le plus indifférent possible, je prenais les morceaux de pain qu'il avait
laissés. Il arrivait quelquefois qu'il ne laissait rien.
En agissant ainsi, je ne volais que lui, qui était
obligé d'envoyer chercher un second biscuit d'*ex-
tra;* car, pour la pauvre fille, *elle* n'était jamais
admise dans son étude (si l'on peut appeler ainsi
la chambre où il entassait ses parchemins et ses
papiers); cette chambre était pour elle comme le
cabinet de la Barbe-Bleue; fermée régulièrement
lorsqu'il partait pour aller dîner, environ à six
heures, après quoi il ne revenait qu'au lendemain
matin. Cette enfant était-elle une fille naturelle
de M..... ou seulement une domestique? C'est ce
que je ne puis affirmer; elle n'en savait rien elle-
même; mais assurément elle était traitée tout au
plus comme une servante. Dès que M..... paraissait, elle descendait en bas pour brosser ses sou-

liers, son habit, etc., et, excepté lorsqu'on l'appelait, elle ne sortait jamais de la cuisine, jusqu'à ce
que ma manière habituelle de frapper à la porte
le soir l'eût fait bien vite accourir d'un petit pas
tremblant. Je n'appris de ce qu'elle faisait pendant
la journée que les détails qu'elle m'en put faire la
nuit; car, dès que le jour venait, je voyais qu'on
n'attendait que mon départ, et, en général, je me
levais et j'allais m'asseoir dans les promenades,
ou autre part, jusqu'à ce que le soleil se couchât.

Mais quel homme était le maître de la maison?
Lecteur, c'était un des exemples de ces anomalies,
dans les départemens inférieurs de la législation,
qui... que dirai-je?... qui, par prudence ou par
nécessité, se refusent toute espèce de luxe de conscience (périphrase qu'on pourrait abréger, mais je
le laisse au goût du lecteur). Dans plusieurs occa-
sions de la vie, une conscience peut encombrer,
gêner, embarrasser, plus encore qu'une femme, ou
un équipage; et, comme le peuple dit : se défaire
de son équipage, je suppose que mon ami M......,
s'était défait, pour un temps seulement, de sa
conscience, mais dans la ferme intention de la
reprendre le plus tôt qu'il pourrait. La manière
de vivre d'un tel homme présenterait un étrange
tableau si je pouvais me décider à amuser le lecteur à ses dépens; mais, dans cet assemblage bizarre de qualités et de défauts, je dois tout oublier,
excepté qu'il était obligeant envers moi, et même
généreux, eu égard à ce qu'il pouvait faire.

Il est vrai qu'il ne pouvait pas faire grand'chose;

cependant je jouissais de toute liberté, en commun avec les rats; et puisque Dr Johnson a dit que dans sa vie il ne s'était jamais trouvé qu'une fois logé à son aise, ne dois-je pas être bien heureux d'avoir eu à ma disposition un local aussi grand que je le pouvais désirer? Excepté la chambre de la Barbe-Bleue, que la pauvre enfant croyait habitée par des revenants, le reste, depuis le grenier jusqu'à la cave, était à notre service; et nous posions notre tente pour la nuit où nous le jugions à propos. J'ai déjà dit que cette maison était très vaste; elle est bien située, et dans un quartier connu de Londres; plusieurs de mes lecteurs doivent, sans aucun doute, avoir passé devant, avant de rentrer pour lire ce chapitre. Pour moi, je ne manque jamais de la visiter, lorsque mes affaires m'appellent à Londres; environ à dix heures, ce soir même, 15 août 1821, jour de ma naissance, je me suis dérangé de ma promenade de tous les jours, pour aller à la rue d'Oxford. La maison est maintenant occupée par une famille respectable; et, à travers les carreaux d'une chambre éclairée, j'ai vu plusieurs personnes assemblées, sans doute autour d'une table à thé; singulier contraste avec l'obscurité, le froid, le silence et la désolation qu'offrait cette même maison dix-huit ans auparavant, lorsqu'elle n'avait pour hôtes qu'un malheureux mourant de faim et un enfant abandonné. Cette pauvre fille n'était ni jolie, ni spirituelle, ni agréable dans ses manières; mais, Dieu du ciel! elle n'en avait pas besoin pour être aimée de moi. La nature humaine, dans sa

plus triste et sa plus humble forme, était assez pour
moi ; et je l'aimais parce que j'étais aussi malheureux qu'elle. Si elle vit encore à présent, elle est
probablement mère, elle a des enfants à son tour ;
mais je serais incapable de la reconnaître.

J'en suis fâché pourtant ; mais je vis alors une
autre personne dont les traits ne s'effaceront jamais
de ma mémoire. C'était une jeune femme, et l'une
de ces malheureuses qui vivent sur les gages de la
prostitution. Et c'est sans aucune honte et sans aucune raison d'en avoir, que j'avoue avoir été lié alors
assez familièrement avec plusieurs femmes de cette
triste condition. Le lecteur ne doit ici ni sourire ni
froncer le sourcil ; car, pour ne pas rappeler aux
classiques le vieux proverbe latin : *sine Cerere*, etc.,
on supposera sans doute que l'état de ma bourse
m'empêchait d'avoir avec de telles créatures d'autres relations que des relations très-pures. Mais la
vérité est qu'à aucune époque de ma vie, je n'ai été
homme à me croire souillé par le contact ou par
l'approche d'un être ayant forme humaine ; au contraire, dès ma première jeunesse, j'étais fier de con-
verser familièrement, *more socratico*, avec tout le
monde : hommes, femmes et enfants que je pouvais
rencontrer ; habitude nécessaire pour la connaissance du cœur humain, la bonté propre et la franchise qui doivent honorer un philosophe. Car il
ne regarde pas avec les yeux de ces âmes bornées
qui s'appellent des gens du monde, et qui sont
pleines de préjugés absurdes, dont le plus petit se
rapporte à l'égoïsme le plus parfait. L'homme in-

struit et l'homme du peuple, le coupable et l'inno-
cent, il doit tout connaître.

Étant forcément à cette époque un péripatéticien,
j'eus donc naturellement des relations fréquentes
avec les péripatéticiennes. Plusieurs de ces femmes
m'avaient défendu souvent contre les *watchmen* qui
voulaient me renvoyer des bancs sur lesquels je me
reposais. Mais une surtout, la seule pour laquelle
j'ai dit tout ici... Ah! non, que je ne te mêle pas,
noble créature, Anna, avec cette espèce de femmes!
Que je trouve, s'il est possible, un nom plus doux
pour appeler celle dont la bonté et la compassion
n'ont pas oublié celui qui était oublié du monde!
C'est à toi que je dois la vie! Pendant plusieurs
semaines je marchais la nuit avec cette pauvre fille
dans la rue d'Oxford, où je m'asseyais à côté d'elle
sur les bancs des péristyles. Elle était plus jeune que
moi; elle me dit qu'elle n'avait pas encore seize
ans. Mes questions eurent bientôt obtenu d'elle
l'histoire de ses malheurs. On en a vu bien d'autres
exemples, et les lois devraient plus souvent les punir
ou les venger. Mais qui prête l'oreille à de misé-
rables vagabonds? On ne peut nier qu'à Londres la
classe élevée, en général, ne soit dure, cruelle et re-
poussante. Je pressai plusieurs fois Anna de porter
ses plaintes devant un magistrat, l'assurant qu'elle
attirerait aussitôt l'attention, et que la justice puni-
rait l'infâme qui lui avait pris tout ce qu'elle pos-
sédait. Elle me promit souvent de le faire, mais
elle reculait toujours ce moment; car elle était
timide et honteuse à un point qui montrait com-

bien elle était profondément affligée; et peut-être pensait-elle que le juge le plus impartial, le tribunal le plus juste ne pouvait rien pour réparer le mal qu'on lui avait fait.

Elle aurait pourtant obtenu quelque chose, j'en suis sûr; car nous convînmes plus tard entre nous, mais malheureusement au moment même où nous fûmes séparés, que, dans un jour ou deux, nous irions ensemble devant un magistrat, et que je parlerais en sa faveur. Cependant il était décidé que je ne lui rendrais pas ce faible service; et celui qu'elle m'avait rendu était trop grand pour que je pusse jamais l'acquitter.

Une nuit, tandis que nous marchions lentement dans la rue d'Oxford, comme je souffrais plus qu'à mon ordinaire, je la priai de venir avec moi au Soho-Square; nous y allâmes, et nous nous reposâmes sur les marches d'une maison devant laquelle je ne puis maintenant passer sans attendrissement et sans respect. Au moment où je m'assis, je me sentis beaucoup plus mal; j'avais appuyé ma tête dans ses mains, et tout d'un coup je tombai raide sur le pavé. Je serais mort infailliblement, si ma pauvre compagne ne m'eût tiré de cet affreux danger. Elle poussa un cri de terreur, et disparut; un instant après elle revint avec un verre de vin et un peu de pain qu'elle me donna et qui me firent un bien extrême; et pour cela, elle avait payé de sa bourse. Oh! que l'on s'en souvienne! lorsqu'elle-même, réduite à la plus horrible misère, ne savait pas si un sort pareil au mien ne l'attendait pas

aussi. O ma jeune bienfaitrice! combien de fois,
dans mes promenades solitaires, marchant tristement et les bras croisés, j'ai béni ton souvenir! Je
voudrais, comme autrefois la malédiction pater-
nelle poursuivait le crime, que les souhaits ardents
d'un cœur accablé de sa reconnaissance eussent
aussi leur pouvoir pour t'accompagner, te pour-
suivre au fond d'une maison infâme de Londres,
au fond d'un tombeau, et là te rapporter encore le
cri de mon amour, de mon respect, de mon admiration pour toi !

Je ne pleure pas souvent, car ou ma douleur pas-
sagère est trop profonde pour demander des larmes,
ou ma tristesse habituelle m'empêche d'en trouver
dans mes yeux. Les esprits légers seuls pleurent
aisément. Mais lorsque je marche dans la rue d'Oxford et que j'entends jouer sur un orgue les airs de
ce temps-là, je pleure, et, devant un tel souvenir,
je sens que le temps s'arrête et que les années s'ef-
facent de ma vie.

Peu de temps après ce que je viens de raconter,
un gentilhomme de la maison du roi m'aborda dans
la rue Albemarle; il avait reçu à différentes occa-
sions l'hospitalité de ma famille. Je ne cherchai
point à me cacher ; je répondis sincèrement à ses
questions; et, lorsqu'il m'eut donné sa parole d'honneur de ne pas me dénoncer à mes tuteurs, je lui
dis où je demeurais. Le lendemain je reçus de sa
part un billet de 1,000 livres. La lettre qui le ren-
fermait arriva avec des lettres d'affaires du notaire;
mais, quoique son regard voulût dire qu'il en sa-

vait le contenu, il me la donna sans faire d'observations.

Je puis maintenant expliquer ce qui m'avait amené à Londres et ce que j'y sollicitai depuis le jour de mon arrivée jusqu'à celui de mon départ.

Dans une ville comme Londres, on sera étonné que je n'aie pas trouvé quelque moyen d'éviter la dernière misère.

Deux ressources se présentaient au moins : ou de chercher du secours auprès des amis de ma famille, ou d'employer mes talents à gagner ma vie. Mais, d'abord, je ne craignais rien tant que de retourner sous la puissance de mes tuteurs, et je ne pouvais, de peur d'être réclamé par eux, me découvrir même à ceux qui m'auraient servi. Pour le second moyen, j'avoue que je suis aussi surpris que le lecteur de l'avoir oublié ; je savais le grec, mieux qu'il ne le faut savoir pour l'enseigner ; mais j'avais besoin de connaître quelque respectable professeur à qui m'adresser ; et comment le faire sans me trahir encore ? A dire vrai, je n'avais qu'une idée, c'était d'obtenir ce que je demandais.

J'avais fait part à un juif et à d'autres usuriers de mes espérances pour l'avenir ; et ils s'étaient assurés de ma véracité, en examinant le testament de mon père aux Doctor's Common. La personne qu'on y mentionnait comme le second fils de..... avait tous les droits, ou plus que les droits que j'avais annoncés. Mais les juifs se firent une autre question : *étais-je* cette personne ? Je n'avais jamais pensé à cette difficulté ; je craignais plutôt de n'être

que trop connu de mes amis les juifs, et que leur
zèle ne me remît entre les mains de mes tuteurs. Il
me sembla bien étrange de me voir, moi, pris *ma-
terialiter*, accusé, ou du moins soupçonné de vouloir passer faussement pour moi, considérer *forma-
liter*. Je leur montrai pourtant différentes lettres
que j'avais reçues de mes amis, tandis que j'étais
dans le pays de Galles. C'étaient, je crois, les seuls
restes de mon équipage (avec les habits que je por-
tais) dont je n'eusse pas disposé.

Plusieurs de ces lettres étaient du comte de.....,
qui était alors mon seul ami intime; j'en avais
aussi du marquis de....., son père, datées d'Eton.
Le vieux gentilhomme, amateur de sciences et
d'agriculture, me parlait des grands changements
qu'il faisait ou qu'il méditait dans les terres de
M.... et de Sl...., ou du mérite d'un poëte latin,
ou d'un sujet qu'il me conseillait de mettre en
vers.

Sur la foi de ces lettres, un des juifs me proposa
2 ou 3,000 livres sterling par an, pourvu que le
jeune comte, qui était de mon âge, voulût garantir
le paiement des intérêts et du capital, à l'époque de
notre majorité. En conséquence, huit ou neuf jours
après avoir reçu les 1,000 livres, je me préparai à
partir pour Eton. J'avais donné environ 300 livres
de mon argent à mon usurier, qui disait que, pendant mon absence, il allait préparer les papiers né-
cessaires au contrat. J'étais sûr qu'il mentait; mais
je ne voulais lui laisser aucun sujet de retard.
J'avais donné une moindre somme à mon ami le

notaire (qui connaissait mes juifs); et en vérité je
lui devais quelque chose pour le loyer de sa triste
maison. J'avais employé environ 15 shillings à ma
toilette, qui pourtant n'était pas brillante. Je donnai
la moitié du reste à Anna, comptant à mon retour
partager encore avec elle ce que j'aurais gardé. Tous
ces arrangements faits, à six heures, par une sombre soirée d'hiver, je partis avec elle; mon intention
était d'aller par Salt-Hill. Nous traversions un
quartier de la ville qui n'existe plus; c'était, je
crois, la rue Swallow.

Ayant du temps devant moi, je marchais lentement; nous nous assimes au coin de la rue de Sher-
san. Je lui avais déjà parlé de mes projets; je l'as-
surai qu'elle partagerait ma fortune, si mon sort
venait à changer. Je regardais cette promesse comme
m'imposant un devoir sacré; car je l'aimais comme
ma sœur; et voyant à quels malheurs j'avais résisté,
j'étais plein de joie et d'espérance; Anna, au contraire, se séparant du seul être qui voulût lui servir
d'ami, était accablée de tristesse. Lorsque je lui dis
adieu en l'embrassant, elle jeta ses bras autour de
mon col et pleura sans dire une parole.

J'espérais revenir dans une semaine au plus tard,
et je convins avec elle que la sixième nuit, à partir
de celle qui commençait, et chaque nuit suivante,
elle m'attendrait à dix heures, au bout de la grande-
rue de Ritch-Field. Je pris encore d'autres mesures
pour la retrouver; j'en oubliai une : elle ne m'avait
jamais dit son nom de famille. Les filles d'un rang
plus élevé s'appellent miss Douglas, miss Monta-

gue, etc.; mais, quand on est pauvre, on n'a qu'un nom : Mary, Jane, Francis, etc. Il était huit heures lorsque j'entrai au café Glocester, et le Bristol étant sur le point de partir, j'y montai, et bientôt je m'endormis.

Un petit incident m'apprit, à cette occasion, qu'un homme qui n'a jamais souffert peut vivre et mourir sans se douter des travers ou de la bonté du cœur humain. Les physionomies se ressemblent si souvent qu'un observateur ordinaire remarque une espèce d'hommes, puis une autre espèce opposée, et rapporte à ces deux types contraires toutes les nuances qui peuvent s'y confondre. Ils ont leur alphabet avec lequel ils veulent juger toutes les combinaisons des mots. Voici ce qui m'arriva : Pendant les quatre ou cinq premières lieues, en quittant la ville, je fatiguais mon voisin en tombant sur lui chaque fois que la voiture penchait de son côté; et, en conscience, si la route eût été moins unie et moins douce, je serais tombé de faiblesse. Il s'en plaignit amèrement, et tout le monde s'en serait plaint; mais il exprima son mécontentement en des termes que tout le monde n'aurait pas choisis; et certes, si je l'avais quitté à ce moment, ou je ne me serais pas souvenu de lui du tout, ou je m'en serais souvenu comme du plus grand brutal qu'on pût trouver. Cependant je vis que j'avais tort ; je lui demandai pardon en l'assurant que ce n'était pas ma faute, et en même temps je lui dis aussi brièvement que possible la cause de l'état où je me trouvais. Le personnage changea tout à coup;

lorsque je m'éveillai un instant en passant à Hounslow (car en dépit de mes efforts, je m'étais rendormi deux minutes après avoir parlé), je trouvai qu'il avait allongé le bras de manière à m'empêcher de tomber; et, pendant le reste du voyage, il me traita avec une douceur de femme; de sorte qu'à la fin, j'étais presque couché dans ses bras, et c'était d'autant plus obligeant de sa part, qu'il ne savait pas si j'allais à Bath ou à Bristol. Malheureusement, j'allai plus loin que je ne voulais; car mon sommeil me faisait tant de bien que je ne me réveillai qu'au premier relai, après Hounslow; je demandai où nous étions; on me répondit à Maidenhead, six ou sept milles, je crois, plus loin que Salt-Hill.

Je descendis; mon voisin me conseilla de m'aller mettre au lit; ce que je lui promis de faire, bien qu'ayant une autre intention. Je me mis à marcher. Il était environ minuit; mais j'allais si doucement que j'entendis quatre heures sonner à une petite maison, avant de tourner la route qui conduit de Slough à Eton. J'étais encore bien faible; il me vint pourtant alors une idée qui me consola de ma pauvreté. On avait commis quelques jours auparavant un assassinat à Hounslow. Je crois que la personne qui avait été tuée s'appelait Steele, et que c'était le propriétaire d'un petit bien dans le voisinage. Chaque pas que je faisais me rapprochait de la place où le meurtre avait été commis, et il me passa dans l'esprit que, si le meurtrier était sorti cette nuit, nous allions nous rencontrer dans l'obscurité;

auquel cas, dis-je, si, au lieu d'être, comme je le
suis,

Riche en science seulement,

j'avais, comme mon ami lord...... 70.000 livres
de rente, quelle frayeur panique viendrait m'as-
saillir ! Il est vrai qu'il n'était pas probable que
lord..... se trouvât jamais dans ma position.
Mais, quoi qu'on dise, la remarque n'en est pas
moins vraie, qu'une grande fortune doit inspirer
une terrible peur de mourir ; et je suis convaincu
que les trois quarts au moins de ces intrépides
aventuriers, à qui la pauvreté permettait d'avoir du
courage, si, au moment de se battre, on leur eût
annoncé qu'ils héritaient de 5o.ooo livres de rente,
auraient senti leur humeur belliqueuse considé-
rablement diminuée.

J'oublie mon voyage. Dans la route entre Slough
et Eton, je m'endormis. Au moment où le soleil
allait se lever, je fus réveillé par la voix d'un
homme qui était debout à côté de moi. Je ne le
connaissais pas ; il avait une triste physionomie ;
mais il re s'ensuit pas que ce fût un méchant
homme ; et même il aurait pu mériter ce nom
sans qu'il y eût aucun danger pour un dormeur
en plein champ, à sept heures du matin, en
hiver. Pourtant je suis bien aise de le désabuser
sur ce qu'il a pu croire, s'il est au nombre de mes
lecteurs. Je le regardai en face, et il s'en alla. Je ne
fus pas fâché d'arriver à Eton avant le jour. La nuit
avait été humide, mais la matinée était fraîche, et les
arbres se couvraient de bruine. Je traversai Eton

sans être vu ; je me lavai, et me rhabillai de mon
mieux dans un petit café de Windsor ; enfin il
était huit heures lorsque je me dirigeai vers Pote's.

Sur ma route, je rencontrai un petit garçon que je
questionnai ; un Etonien est toujours gentilhomme ;
et malgré ma pauvre apparence, il me répondit
poliment. Mon ami lord..... était parti pour
l'université de.... « Ibi omnis effusus labor ! »
J'avais pourtant d'autres amis à Eton ; mais ceux
qui veulent bien s'appeler ainsi dans la prospérité,
ne sont pas toujours disposés à s'en souvenir.
Cependant je demandai le comte de D...... il me
reçut à déjeuner.

Lecteur, qui me voyez tant de connaissances
nobles, ne me croyez pas noble pour cela. Je suis le
fils d'un bon commerçant anglais.

Lord D..... étala devant moi un déjeuner
magnifique. Il me parut bien plus magnifique encore
à moi qui, depuis tant de jours, tant de semaines,
tant de mois, ne m'étais pas assis à « une table
honnête. » Je mangeai pourtant fort peu ; je me
souvins de l'histoire d'Otway, et j'eus peur d'obéir
trop promptement à une tentation qui pouvait être
dangereuse. Je ne me fis même aucune violence
pour cela ; car, pendant deux semaines encore, je ne
pus prendre que très peu de chose à mes repas ;
mon appétit se changeait aussitôt en satiété, et
quelquefois en dégoût.

J'expliquai à mylord D.... l'affaire qui m'amenait. C'était le meilleur jeune homme du monde,
et le plus obligeant ; il hésita cependant, fit ses

conditions, et accepta. Lord D... avait alors tout
au plus dix-huit ans ; mais je doute, en me rappelant quelle prudence et quel bon sens il sut mêler à
tant de courtoisie (courtoisie qui chez lui avait le
caractère de la franchise), qu'un homme d'État le
plus vieux et le plus accompli diplomate possible,
se fût mieux tiré d'un pas semblable. Il y a bien des
gens qu'on ne pourrait aborder avec une pareille
question, sans les voir prendre un visage plus sévère
et plus chagrin que la tête d'un Turc.

Consolé par cette promesse, quoique mes espérances eussent été en partie trompées, je retournai
dans une voiture de Windsor à Londres, trois jours
après en être parti. Et voici maintenant la fin de
mon histoire ; les juifs ne voulurent pas des conditions de lord D... Je ne sais pas s'ils auraient
consenti enfin à cet arrangement, et s'ils retardaient
seulement l'affaire pour avoir le temps d'aller aux
informations ; mais ils me demandèrent de grands
délais.

Le temps s'écoulait. Mon billet s'en allait par
morceaux, et avant la conclusion de cette affaire,
je me voyais déjà retombé dans ma première
misère. Tout à coup il se fit entre moi et mes amis
un raccommodement par hasard. Je quittai Londres
en toute hâte pour une partie éloignée de l'Angleterre, et après quelque temps je retournai à l'Université.

Cependant qu'est devenue la pauvre Anna.
C'est à elle que j'ai réservé la fin de mon récit.
Ainsi que nous en étions convenus, je la cherchais

tous les jours, et je l'attendais au coin de la rue
de Rich-Field. Je parlais d'elle à tous ceux qui
pouvaient la connaître, et pendant les dernières
heures de mon séjour à Londres, j'employai tous
les moyens possibles pour la découvrir. Je connaissais la rue où elle logeait, mais non pas la maison ; et je me rappelai enfin que les mauvais trai-
tements d'un hôte bourru dont elle m'avait parlé
avaient pu la faire partir. Elle connaissait peu de
monde ; presque tous, d'ailleurs, attribuaient mes
recherches à un motif qui les faisait rire et
cligner de l'œil ; et d'autres, pensant qu'elle avait
pu me voler quelque chose sur son compte et s'enfuir, me donnaient le moins de renseignements possibles. Désespérant enfin de la trouver, je remis à
mon départ, entre les mains de la seule personne
qui pût certainement connnaître Anna, mon
adresse dans le Comté de..., où demeurait alors
toute ma famille.

TROISIEME PARTIE

L y a si longtemps que j'ai pris de l'opium pour la première fois, que si jamais j'en ai su la date, je l'ai oubliée ; mais, comme des événements plus importants se rapportent à ce souvenir, je puis croire, en m'en servant pour m'aider, que ce fut dans l'automne de 1804 ; et voici comme l'idée m'en vint (j'étais alors à Londres) : dès mon enfance, on m'avait accoutumé à me baigner la tête dans l'eau froide, au moins une fois par jour. Etant saisi d'une rage de dents, je l'attribuai à une interruption momentanée de ma méthode ordinaire ; je sautai à bas du lit, plongeai ma tête dans un bassin rempli d'eau froide, et retournai me coucher sans essuyer mes cheveux.

Le lendemain matin, je m'éveillai avec les plus effroyables douleurs de rhumatisme à la tête et au visage ; douleurs qui ne me laissèrent aucun répit pendant environ vingt jours. Le vingt-et-unième

jour, ce fut, je crois, un dimanche, je sortis plutôt
pour me faire oublier mes maux, que dans aucune
intention fixe. Le hasard me fit rencontrer un
camarade de collége qui me recommanda l'opium;
opium, redoutable instrument de plaisir ou de
peine ! J'en entendis parler comme de la manne ou
de l'ambroisie : mais rien de plus. Quel mot vide
et insignifiant c'était alors pour moi ! combien de
cordes ne fait-il pas maintenant vibrer dans mon
âme ! Tout mon cœur s'agite à ces doux et tristes
souvenirs; en me rappelant ces détails, je sens
comme un voile mystérieux qui couvre les plus
petites circonstances, et la place, et le temps, et
l'homme (si c'en était un) qui le premier m'ouvrit
ce paradis des *mangeurs d'opium* !

J'ai déjà dit que c'était un dimanche dans l'après-
midi; et il n'y a pas sur terre un plus triste spectacle qu'un dimanche pluvieux à Londres. Ma
route, pour m'en retourner, était la rue d'Oxford ;
et près de l'immobile Panthéon (comme l'appelle
obligeamment M. Wordsworth), je vis la boutique
d'un apothicaire. L'apothicaire, dispensateur indigne des célestes plaisirs, plus triste et plus stu-
pide que ce jour pluvieux lui-même, avait justement ce regard d'un apothicaire mortel, un jour
de dimanche; et lorsque je lui demandai mon
opium, il me le donna comme l'aurait fait l'homme
le plus ordinaire; bien plus, il me rendit sur mon
shilling ce qui lui parut être la moitié d'une pièce
de monnaie, qu'il prit dans un tiroir de bois.

Malgré cela, en dépit de toutes ces preuves d'humanité, je l'ai toujours considéré en moi-même comme l'ombre ou l'apparition divine d'un immortel apothicaire, descendu sur la terre à mon intention. Et ce qui me confirme dans cette idée, c'est que lorsque je revins à Londres, je le cherchai autour de l'immobile Panthéon, et ne le trouvai pas; et pour moi, qui ne savais pas son nom (si toutefois il avait un nom), il était plus croyable qu'il s'était évanoui de la rue d'Oxford dans les airs que de toute autre manière plus matérielle. Le lecteur est pourtant libre de ne le regarder, s'il le veut, que comme un apothicaire sublunaire et terrestre; pour moi, je le crois évanoui (1) ou évaporé, tant il me répugne de rattacher quelque souvenir mortel à ce moment, à cette place, et à cette créature, qui me fit faire ma première connaissance avec le céleste présent.

Arrivé chez moi, on doit supposer que je ne tardai guère à prendre la quantité désignée. J'ignorais nécessairement tout l'art et le mystère qui doivent accompagner une pareille action; et ce que je pris, je le pris de la manière la plus désavantageuse possible; mais je le pris. — Et en une heure, ô ciel!

(1) Évanoui. Ce mode de quitter la scène du monde paraît s'être établi surtout dans le xvii° siècle; mais il fut regardé alors comme un privilége particulier à la famille royale, et nullement aux apothicaires; car en l'an 1686, un poëte distingué, M. Flasman, parlant de la mort de Charles II, s'étonne qu'un prince puisse faire une action aussi absurde que de mourir; car, dit-il,

« *Les rois doivent dédaigner de mourir, et seulement* disparaître. »

quel changement ! du plus profond abîme à la plus
sublime exaltation ! C'était l'*Apocalypse* que j'avais
au dedans de moi. — Le soulagement de mes douleurs était la chose la moins importante à mes
yeux ; cet effet négatif disparaissait devant la multitude des effets positifs que je ressentais à la fois.
C'était un trésor, un φάρμακον νηπενθές pour toutes
les souffrances humaines ; c'était le secret du bonheur tant cherché et si longtemps discuté par les
philosophes de tous les temps; on achèterait maintenant son bonheur deux sous et on le porterait
dans la poche de son gilet. Les divines extases devaient s'envoyer en bouteilles cachetées, et la tranquillité de l'âme pouvait se communiquer par le
coche. Mais le lecteur va croire que je plaisante;
celui qui connaît l'opium n'est pas disposé à rire;
ses plaisirs ont un aspect grave et solennel, et, dans
les plus grandes joies, ce n'est jamais l'*allegro*,
c'est toujours *il penseroso*.

Et d'abord, un mot sur les effets de l'opium; car
pour tout ce qui a été écrit sur ce sujet, soit par
les voyageurs en Turquie (qui ont conservé leur
habitude de mentir comme un droit d'origine im-
mémoriale), soit par les professeurs de médecine,
écrivant *ex cathedrá*, je n'ai qu'un mot à dire :
Mensonge! Je me souviens qu'une fois en feuille-
tant un étalage de bouquiniste, j'ai trouvé ces pa-
roles dans un auteur satirique : « En ce temps-là,
je devins convaincu que les journaux de Londres
dirent la vérité au moins deux fois par semaine,
savoir : le mercredi et le samedi, et qu'on pouvait

s'en rapporter à eux pour la liste des banqueroutiers. » Ce n'est pas pourtant que je prétende accuser de fausseté tout ce qui a été dit sur l'opium : des savants nous ont appris qu'il avait une couleur brune : remarquez bien que j'en conviens; deuxièmement, qu'il coûtait fort cher, et cela est vrai ; car de mon temps l'opium des Indes-Orientales coûtait trois guinées la livre, et celui de Turquie huit guinées; troisièmement, que si vous en preniez beaucoup à la fois, vous finiriez probablement par faire… ce qui est toujours désagréable à un homme rangé dans ses habitudes, savoir : mourir (1). Tout cela est très-beau et incontestable, et la vérité aura toujours son mérite, car elle est rare.

Mais dans ces trois théorèmes, je crois que nous avons épuisé la mesure du savoir jusqu'à présent amassé par les hommes au sujet de l'opium. Ainsi, digne docteur, comme il me paraît qu'on peut aller plus loin encore, restez derrière, et laissez-moi vous dire ma façon de penser.

Premièrement donc, j'ai vu qu'on regardait généralement comme assuré que l'opium produisait ou pouvait produire l'ivresse. Mais, lecteur, je

(1) Les savants ont pourtant mis en doute cette proposition : car dans une édition de contrebande de la *Médecine domestique* de Buchan, que j'ai vue une fois dans les mains de la femme d'un fermier qui s'en servait pour se soigner, on faisait dire au docteur : « Prenez garde surtout de ne jamais prendre plus de vingt-cinq onces de laudanum à la fois. » Il fallait probablement dire : plus de vingt-cinq gouttes, ce qui fait à peu près un grain d'opium cru.

vous assure, *meo periculo*, que jamais de la plus
forte quantité d'opium n'a résulté un pareil effet.
Pour la teinture d'opium (appelée communément
laudanum), elle produirait certainement l'ivresse,
si un homme en pouvait supporter une dose assez
considérable; mais pourquoi? parce qu'on y trou-
verait plus de liqueur spiritueuse, et non plus
d'opium. Mais l'opium cru (je l'affirme d'une
manière péremptoire) est incapable de donner
aucun des symptômes qui suivent l'enivrement de
l'alcool, et non pas *en degrés*, mais *en nature* ; ce
n'est pas en quantité qu'ils diffèrent, mais en qualité. Le plaisir causé par le vin monte sans cesse,
tendant à une crise, après laquelle il redescend;
celui de l'opium, une fois excité, reste huit ou
dix heures : le premier, pour emprunter à la
médecine un terme technique, donne une jouissance brève, le second une jouissance chronique.
L'un est une flamme, l'autre un foyer.

Mais la principale distinction consiste en ceci,
que toujours le vin dérange les facultés mentales,
et que l'opium (s'il est pris comme il doit l'être),
loin de les altérer, y apporte l'ordre et l'harmonie.
Le vin ôte à l'homme la connaissance de lui-même;
l'opium la rend plus sensible et plus forte. Le vin
couvrant la pensée de nuages, grandit l'admiration
ou le dédain, l'amour ou la colère; l'opium, au
contraire, introduit la tranquillité et l'équilibre
dans toutes les facultés de l'homme, actives ou pas-
sives; et, respectant le caractère et le jugement

habituels, leur ajoute seulement cette chaleur vivifiante qu'approuve la raison, et qui devrait probablement accompagner une santé éternelle et *antédiluvienne*. Ainsi, par exemple, l'opium comme le vin donne de l'expansion au cœur et aux affections bienveillantes ; mais alors avec cette différence remarquable, que, dans ces témoignages soudains d'amour ou d'amitié qui accompagnent l'ivresse, il y a toujours un côté ridicule qui excite le mépris : on se serre la main, on se jure une immortelle fidélité, on pleure ; nul ne sait à propos de quoi ; la créature sensuelle se montre à tous les regards. Mais l'expansion donnée par l'opium aux sentiments les plus doux, loin d'être un accès de fièvre, ne semble qu'un retour à cet état naturel d'un cœur bon et juste, que la douleur seule a endurci en le déchirant. En un mot, c'est la passion brutale et grossière opposée à l'exaltation pure des puissances morales de l'âme.

Telle est la doctrine de la véritable église, au sujet de l'opium, de laquelle église j'avoue que je suis l'alpha et l'oméga ; mais on doit se souvenir que je parle d'après une longue et profonde expérience. Pour les auteurs qui ont traité expressément cette matière, il est évident, par l'horreur qu'ils disent en avoir, qu'ils n'ajoutèrent jamais la pratique indispensable aux vaines théories. J'avouerai cependant que j'ai rencontré un exemple d'ivresse causée par l'opium, malgré mon incrédulité ; c'était un chirurgien qui en prenait beau-

coup. Je lui disais que ses ennemis (à ce que
j'avais entendu dire) l'accusaient de raisonner
comme un fou en politique, attendu qu'il s'eni-
vrait sans cesse avec de l'opium. — Je le main-
tiendrai, me répondit-il, et je ne déraisonne pas par
principe, mais purement et simplement parce que
je m'enivre purement et simplement, répéta-t-il
trois fois, et cela *tous les jours*. L'autorité d'un
chirurgien doit être assurément d'un grand poids ;
je lui oppose pourtant mes propres expériences,
plus fortes que ses plus fortes, de 7,000 gouttes par
jour. D'ailleurs, j'ai vu des gens me soutenir qu'ils
s'étaient enivrés avec du thé; et un étudiant en
médecine à Londres, pour les connaissances du-
quel j'ai le plus grand respect, m'assurait l'autre
jour qu'un malade, en sortant de son lit, s'était
enivré avec un beaf-steak.

Ayant détruit cette première erreur, j'en com-
battrai vite une seconde; c'est que l'exaltation
d'esprit causée par l'opium soit désagréablement
suivie d'abattement ou de sommeil, comme on le
croit. Certainement l'opium doit être compté au
nombre des narcotiques; il doit donc produire le
sommeil après un certain temps; mais ses premiers
effets sont toujours, au plus haut degré, d'exciter
le système entier du cerveau. La durée de son
action est toujours de huit heures à peu près; ce
sera donc la faute du *mangeur d'opium*, s'il ne
calcule pas sa dose de manière à n'avoir besoin de
se coucher qu'au moment de le faire. Les Turcs

sont assez absurdes pour s'asseoir, comme des
statues équestres, sur des escabelles de bois aussi
stupides qu'eux-mêmes; mais, pour que le lecteur
puisse juger du degré de stupidité dont l'opium
peut frapper les facultés morales d'un Anglais, je
vais raconter la manière dont je passai *un soir
d'opium* à Londres entre 1804 et 1812. (Pour ce
qui est de l'abattement supposé, je me contente
de le nier, attendu que, pendant des expériences de
dix années, jamais le jour qui en suivit une ne fut
pour moi qu'un jour de bien-aise et de tranquillité
parfaite.)

Le dernier duc de... avait coutume de dire :
— Jeudi prochain, si le ciel me prête vie, j'ai l'intention de me griser. C'est ainsi que je fixais toujours à l'avance combien de fois, dans quel temps
et en quel lieu je ferais une débauche d'opium :
rarement plus d'une fois en trois semaines; car,
dans ce temps-là, je ne me serais pas hasardé à
demander (comme je le fis ensuite) un verre de laudanum chaud et sans sucre. J'en buvais, dis-je,
rarement et plus souvent le mercredi et le samedi
soir. Ces jours-là Grassini chantait à l'Opéra, et
la voix de cette actrice était pour moi la chose la
plus délicieuse du monde. Je ne sais pas ce qu'on
fait maintenant à l'Opéra, vu que je n'y ai pas mis
le pied depuis sept ou huit ans; mais je sais que
dans ce temps-là on n'aurait pu trouver un meilleur endroit pour passer une soirée. Cinq shillings
vous permettaient d'entrer à la galerie, aussi
curieuse à voir que la scène; l'orchestre se distin-

guait par sa douce mélodie des orchestres anglais,
où je ne puis supporter les instruments criards et
l'aigreur dominante des violons. Les chœurs
étaient divins à entendre, et lorsque Grassini
paraissait dans quelque interlude sous le voile
noir d'Andromaque à la tombe d'Hector, etc.,
jamais Turc ne goûta un plaisir comparable au
mien. L'erreur du peuple est de croire que c'est
par les oreilles qu'il communique avec l'harmonie,
et qu'il reçoit l'effet d'une manière purement pas-
sive. Il n'en est pas ainsi ; c'est par la réaction de
l'âme que le plaisir est ressenti ; de là vient la différence entre les sensations éprouvées, qui varient
selon les facultés de celui qui éprouve. Or, maintenant l'opium, augmentant les facultés de l'âme,
augmente nécessairement ce mode particulier d'activité qui fait la jouissance. — Mais, me dit un
ami, une succession de sons et de notes est pour
moi comme une collection de caractères arabes :
je n'y attache aucune idée ; des idées ! mon bon
sire ! il n'en faut point attacher ; laissez-vous faire.
L'harmonie d'un chœur me déploie comme un tissu
de soie tous les souvenirs de ma vie, non pas
comme un écho, mais comme une sensation présente, non pas ramassés à grands frais de mémoire
ou tirés dans quelque sombre abstraction, mais les
faits oubliés et les passions exaltées, ressuscitées,
redevenues sublimes ! Tout cela pour cinq shillings.

Et autour de moi, outre la scène et l'orchestre,
j'avais pour remplir les vides de l'action la musique

de la langue italienne parlée par des femmes italiennes, et j'écoutais avec un plaisir semblable à celui qu'éprouva Weld le voyageur en écoutant au Canada le rire gracieux des femmes indiennes ; car moins vous entendez les mots, plus l'harmonie est douce. Il était donc avantageux pour moi de n'être qu'un pauvre apprenti, lisant peu l'italien, ne le parlant pas du tout, et ne comprenant pas les trois quarts de ce que j'écoutais.

Tels étaient mes plaisirs à l'Opéra : mais un autre plaisir que je ne pouvais avoir non plus que le samedi soir, luttait avec mon amour pour le premier. J'ai peur d'être obscur sur ce sujet ; mais je puis assurer le lecteur que je ne le serai pas plus que Marinus dans sa vie de Proclus, et plusieurs autres biographes et autobiographes de même réputation. Ce plaisir, dis-je, ne pouvait exister que le samedi soir. Qu'avait-il donc, ce samedi, de plus que tout autre jour pour moi ? Je n'avais à me reposer d'aucun travail ; point de paiement à recevoir ; cela est vrai, judicieux lecteur. Mais vous savez qu'il y a des âmes compatissantes qui aiment à partager les maux des pauvres en les soulageant ; moi j'aime à partager leurs plaisirs ; j'avais senti leurs peines.

Or, maintenant le samedi soir est le régulier et périodique témoin de la gaieté du pauvre : en ce point les sectes en hostilité s'unissent, et reconnaissent une marque de fraternité ; toute la chrétienté se repose. Ce jour est séparé du travail par un jour entier et deux nuits, et moi-même je suis aussi heureux le samedi soir que si j'avais à me reposer. Dans l'intention donc de jouir sur une échelle aussi large que possible d'un spectacle avec lequel je me sentais si bien en sympathie, souvent, après avoir pris mon opium, j'allais sans regarder la direction ni la distance sur toutes les places, à tous les endroits de la ville où le pauvre vient le samedi soir recevoir le gain de la semaine. Plus d'une famille, consistant en un seul homme avec sa femme, quelquefois un ou deux de leurs enfants, se consultait sur l'emploi de la journée, sur ses plaisirs, sur ses peines, parlait du prix des choses de ménage. Peu à peu je me familiarisais avec leurs désirs, leurs embarras et leurs opinions. Quelquefois on pouvait entendre des murmures de mécontentement ; mais plus souvent on ne trouvait que l'expression muette ou expansive de la patience, de l'espérance et de la tranquillité ; et généralement l'on peut dire que, sur ce point du moins, le pauvre a plus de philosophie que le riche. Il se soumet plus vite à toute perte qu'il doit considérer comme inévitable. Partout où j'en pouvais trouver l'occasion sans paraître les gêner, je me mettais de la partie, et mon opinion sur le point contesté, sinon judicieuse, était toujours reçue avec bonté. Si les prix étaient un peu plus haut, ou qu'on rapportât que les oignons et le beurre allaient baisser, j'étais heureux. Cependant, si le contraire était vrai, je m'en allais, et je demandais à mon opium mes consolations. Et combien de fois, essayant de retrouver ma route, d’après les règles de la navigation, en fixant l’étoile polaire et cherchant audacieusement un passage au nord-ouest, au lieu de doubler tous les caps et les isthmes que j’avais rencontrés, en sens inverse, j’arrivais subitement dans des carrefours tellement inconnus, des endroits si difficiles, qu’ils auraient raillé l’impudence des porteurs et confondu l’intelligence des cochers ! Je crus d’abord plusieurs fois avoir découvert quelques *terras incognitas*, et me proposais bien de consulter la carte de Londres. Tout cela cependant me coûta cher plus tard, lorsque la face humaine peupla mes rêves et que mes longs détours dans la ville revinrent effrayer mon sommeil, et m’apporter une douleur plus grande que l’inquiétude, plus affreuse que le remords.

Je crois avoir prouvé que l’opium ne produit ni l’engourdissement ni l’inaction, mais, au contraire, fait courir les carrefours et les théâtres Franchement pourtant, ce ne sont pas là des places dignes d’un *mangeur d’opium*, lorsqu’il est parvenu au plus haut degré de l’exaltation. La solitude lui plait alors, et la foule l’oppresse ; la musique même est une jouissance trop grossière et trop sensuelle pour lui. Il cherche le silence, aliment des profondes rêveries et des méditations délicieuses. Pour moi, je n’étais que trop enclin à méditer ; et les misères dont j’avais été la victime aussi bien que le témoin avaient augmenté ce penchant à la mélancolie. Je ressemblais en vérité à celui qui, suivant la vieille légende, entrait dans la

cave de Trophonius; et mon remède était de me
contraindre à vivre en société, et à occuper mon
esprit des choses extérieures. Mais, après avoir pris
de l'opium, je tombais dans de longues rêveries; et
plus d'une fois il m'est arrivé, dans une nuit d'été,
lorsque je m'asseyais à ma fenêtre qui donnait à la
fois sur la mer et sur toute la ville de L..., de rester, depuis le lever jusqu'au coucher du soleil,
sans bouger et sans vouloir bouger.

On va m'accuser de mysticisme, de behménisme,
de quiétisme, etc.; mais cela ne m'*inquiète* pas.
Sir H. Vane, le plus jeune, était un de nos plus
grands sages, et pourtant l'on peut voir dans ses
œuvres de philosophie s'il n'est pas plus mystique
que moi. Je soutiens que la scène elle-même res-
semblait aux impressions qu'elle faisait naître. La
ville de L..., avec ses clochers et ses toits tout
couverts de fumée et de brumes, représentait la
terre avec ses chagrins et ses tombeaux qu'elle
oublie, et pourtant qu'elle laisse voir encore.
L'Océan, tranquille et infini, c'était l'âme du sage
qui la contemple; et il me paraissait que le tumulte,
la fièvre étaient suspendus pour un temps; la paix
était garantie aux secrètes blessures du cœur; il y
avait un repos, un sabbat! Alors les espérances et
les illusions se réconciliaient avec l'horrible réalité
de la mort et des jours qui sont passés. Ce n'était
pas la tranquillité de l'inertie, mais des forces
opposées et égales qui se maintiennent et s'arrê-
tent; non pas l'oiseau qui se repose, mais celui

dont les ailes vont si vite qu'on le dirait immobile et suspendu dans les airs. Éternelle activité ! Éternel repos !

Maintenant, lecteur bénévole, qui m'avez suivi jusqu'ici, si vous voulez me suivre encore, lecteur indulgent, il faut être encore indulgent. Vous savez sans doute par vous-même que ceux qui ont beaucoup lu, ou beaucoup vu, ou beaucoup rêvé, ont beaucoup comparé ; or, si le voyageur a parcouru le monde dans sa chaise de poste, ou le curieux dans son cabinet de travail, ou enfin le penseur dans son imagination vagabonde, n'ont-ils pas dû choisir, chacun de leur côté, parmi tous ces peuples bigarrés qui s'agitent à la surface de la terre, celui où ils auraient voulu, sinon oublier leur patrie, du moins séjourner, comme les hirondelles qui suivent les jours du printemps? Où l'on peut trouver l'antipathie, on peut rencontrer aussi l'amour. On verra plus tard que j'ai rencontré plus que l'antipathie. — Je veux parler à présent de mes plaisirs. — L'Espagne a de tout temps été pour moi un lieu de délices où se reportaient mes pensées et mes rêves ; car, de si loin, j'écartais de ma baguette magique la funèbre inquisition, la triste jalousie des Castillans et les embuscades des assassins de grande route. Mais si, dans un théâtre, assis à l'écart, je voyais de loin, sous les plis d'une écharpe molle, quelqu'une de ces femmes dont Raphaël aurait peuplé son Paradis, c'était en Espagnole que j'aimais à la transformer ; je la plaçais sous les bois touffus d'oliviers noirs, sous les berceaux d'orangers

blanches que Madrid ou Séville étalent dans leurs
campagnes; ou bien le soir, lorsque tout se taisait
dans la ville, c'était derrière la jalousie de fer ou de
bois peint que je voulais la voir se pencher au
bruit d'une sérénade; c'est alors qu'agissait l'o-
pium, prolongeant une douce vision qui, sans son
aide, eût passé comme une ombre; ne pouvais-je
pas dire, la réalisant? Car, si l'impression est du-
rable et forte, si elle a laissé son souvenir, que lui
manque-t-il pour cesser de s'appeler un rêve? et quel
rêve délicieux! ce n'était pas seulement le soir,
mais dans la journée, aux plus grandes chaleurs de
midi, que je la trouvais encore derrière sa jalousie; le soleil, à travers la soie rouge des stores, ré-
pandait une lumière aussi douce que les rayons de
la lune, sans être pourtant aussi triste, et par la
fenêtre ouverte du côté de l'ombre et du jardin,
le bruit de la cascade arrivait faible jusqu'à nous.
Elle, à demi voilée, reposait sur un divan couleur
d'azur clair (couleur inséparable de ces sortes de
rêves) et c'était là que, pendant des journées en-
tières, je restais à lui parler, à la voir, *mon œil sous
le sien* (comme l'a dit quelqu'un), effleurant de ma
main sa robe de soie ou de velours, quelquefois sa
main délicate et petite, rien de plus, mais il y
avait dans cette sensation seule de quoi peupler ma
vie entière de souvenirs; sensation qu'on ne peut
se représenter qu'après l'avoir éprouvée!

J'étais encore jeune alors; et ne me taxerait-on
pas de folie, si je rapportais des dialogues, des

événements, des intrigues qui jamais n'ont existé ailleurs que dans ma tête, lorsque sur le rivage de la mer je me couchais au fond d'une petite barque, regardant le ciel et l'eau, tandis que mon batelier chantait à voix basse. J'avais aussi adopté, pour voir le coucher du soleil, une position que je n'ai jamais vu prendre à d'autres qu'à moi; il s'agit de se coucher horizontalement sur le côté, de sorte qu'on ait en face de soi la ligne de démarcation du ciel et de la terre; car alors il semble qu'une roue énorme tourne au-dessus de vous; le ciel paraît parfaitement arrondi; et les montagnes bleues, les nuages dorés, les brumes grisâtres se mêlent si bien à tout ce qui s'élève sur l'horizon, ou tout ce qui paraît s'abaisser du ciel, qu'emporté d'ailleurs par le mouvement doux et régulier de ma barque, j'aurais passé ma vie à rêver devant ce prisme éblouissant. C'était comme une musique de l'âme, qui la faisait bondir et s'élancer hors d'elle-même; alors paraissaient à mes yeux tous ces fantômes charmants que créait mon imagination.

Ces rêves étaient trop délicieux pour durer long-temps; il faut que j'en raconte un où l'on trouvera un singulier mélange de tristesse et de joie.

Il me semblait que j'avais commis un grand crime (ce rêve me poursuivit souvent) et dans la funèbre cour, à la lueur des torches et des flam-beaux, au milieu des piques et des hallebardes qui brillaient dans l'obscurité, la voix monotone du

greffier me lisait ma sentence, qui finissait comme
toujours « pendu jusqu'à ce que mort s'ensuive; »
cependant, chose étrange, on me laissait ma liberté
pour tout un jour. C'était alors que mon songe
devenait plus doux : ou dans les fêtes étincelantes,
parmi les danses légères et les groupes entremêlés;
ou sur des lacs immenses, dans une barque dont le
vent faisait enfler la voile aux sons des instruments, et tandis que la lune versait sur les flots
d'argent ses rayons,

Comme des pleurs d'amour;

ou dans l'été, sur le sommet des montagnes, au
milieu des herbes, des fleurs, des brises embaumées
du soir, partout un sentiment inconnu de volupté
m'accompagnait. Il me semblait avoir à mes côtés
un être (une femme ou un ange, je ne sais) qui se
penchait sur moi pour me consoler, quand parfois, au milieu de ma joie, le souvenir de ma con-
damnation et du sort qui m'attendait le soir, venait me saisir et m'abattre, comme un coup de
tonnerre pendant la moisson. Car tel était mon
rêve ; si, une mandoline à la main, chacun, selon
la mode italienne, chantait après le repas cham-
pêtre, une ballade ou une romance, quand venait
mon tour, je saisissais l'instrument, et les femmes,
enivrées *de joie, de vin et d'amour*, applaudissaient
de leurs mains blanches et délicates; mais tout à
coup la guitare me tombait des mains, je pâlissais,

et l'idée de la mort me faisait tressaillir et pleurer.
Mon ange alors essuyant mes larmes, peu à peu
la joie revenait dans mon cœur, jusqu'à ce qu'une
volupté nouvelle vînt me rapporter un moment
d'horreur nouveau.

Ce rêve est certainement un des plus tristes qu'on
puisse imaginer; je le donne pourtant aussi pour
l'un des plus délicieux; car il tient un milieu entre
les rêves purement agréables et les apparitions terribles qui vinrent m'épouvanter plus tard, comme
la mélancolie tient le milieu entre la gaieté folle
et le sévère ennui.

Oh! gracieux, subtil et puissant opium! toi qui
verses le baume sur la plaie ardente, la consolation
sur les peines qui ne finiront jamais; toi qui, pour
une nuit, rends à l'âme criminelle les espérances de
la jeunesse et des mains pures du sang des hommes;
à l'âme fière du philosophe, montres

Les torts redressés, et les insultes vengées;

toi qui élèves dans les ténèbres ton architecture
fantastique, devant laquelle pâlissent les Phidias
et les Praxitèle, la splendeur de Babylone et
d'Hécatompylos; toi qui, sous les rayons pâles de
la lune, vas éveiller ceux qui dorment dans leurs
tombeaux pour rendre aux jeunes trépassées leur
visage de quinze ans! Les hommes qui ont peuplé

le paradis de l'Orient des houris immortelles ; le
paradis de Rome des anges au front vermeil ; ceux
à qui Dieu a donné le céleste don de poésie, le génie
de l'harmonie immense, ceux-là ne connaissent pas
encore tout le charme de tes voluptés divines, ô
gracieux, subtil et puissant opium !

INTRODUCTION

DE LA

QUATRIÈME PARTIE

E 1804 nous devons passer à 1812. Maintenant les années de ma vie *académique* sont loin de moi. Le bonnet d'écolier ne presse plus mes tempes ; si mon bonnet existe encore, il est sur la tête de quelque autre amant de la science et de la vérité. Mes livres partagent la triste condition de beaucoup d'autres in-folio et in-octavo du Bodleian ; c'est-à-dire, qu'ils sont devenus la pâture des vers et des souris. La cloche de la chapelle n'interrompt plus mon sommeil ; le portier qui en secouait si régulièrement la chaîne d'airain est mort, et ses victimes l'ont oublié !

6

Cependant la cloche fait encore le désespoir de bien d'honnêtes gens; mais pour que son bruit monotone vînt m'éveiller, il faudrait que le vent y mît de la malice, car je suis séparé d'elle par deux cent cinquante lieues, et enterré au fond des montagnes.

Et que fais-je au milieu de ces montagnes? Je prends de l'opium. Mais quelle vie puis-je y mener ? Je vis dans une petite maison, et je n'ai qu'une servante (honni soit qui mal y pense!) et... Mais ne croyez pas qu'il ne se soit rien passé de 1804 à 1812. Songez qu'à présent, me voyant vivre de mes rentes, mes voisins m'ont accordé le titre de membre indigne de cette société universelle qu'on appelle gentlemen; et même la courtoisie de la jeunesse anglaise me fait l'honneur de m'écrire : A Monsieur, etc.» esquire (1). Je ne suis pourtant ni juge de paix, ni *custos rotulorum*. Suis-je marié ? Non. Et je prends encore de l'opium? Oui, le samedi soir; et cela ne m'a pas fait de mal, depuis le dimanche pluvieux où je vis le bienheureux apothicaire, près de l'immobile Panthéon. En somme, comment est-ce que je me porte? — Très bien. Mais il faut écouter mon histoire.

Un jour d'hiver de 1810, je me promenais sur les longues terrasses de la rue d'Oxford, absorbé dans mes réflexions ordinaires, lorsqu'un jeune officier de mes amis m'aborda. Il me trouva l'air sombre; je voulus m'excuser; il faisait froid, et cependant humide; je souffrais de l'estomac; il n'en crut rien.

(1) *Esquire*. Terme qui correspond à peu près au titre de chevalier en France.

— Pour dissiper vos rêveries, dit-il, ce soir je vous
emmène au bal. — Au bal ! lui dis-je en secouant
la tête. — Ce n'est ni un concert, ni un rout, c'est
un bal *à la française* que nous nous donnons ; vous
y verrez tous les officiers du corps. Du reste, point
de prudes, ajouta-t-il en souriant ; au lieu de vous
montrer les plus sévères, je vous montrerai les
plus jolies. — Vous ne me connaissez pas, lui répondis-je ; j'ai eu des moments de gaieté dans ma
vie, mais au bal je suis comme un enterrement.
— Nous vous égayerons, dit-il. Je me laissai
emmener par distraction.

Nous entrons ; c'était la réunion la plus brillante.
Moi, vêtu de noir, et les bras croisés, je m'en allai
m'appuyer sur une colonne tout au fond de la salle.
Si j'avais pris de l'opium ce soir, me disais-je, sans
doute je serais plus en train de me divertir. Cependant on arrivait en foule ; j'entendais le *groom*
principal crier à tue-tête le nom de ceux qui paraissaient dans la salle ; peu à peu ces visages nou-
veaux, qui souvent même étaient fort jolis, me
firent relever la tête. On annonça le marquis de
C.....; il entrait donnant la main à une femme que
plusieurs jeunes gens entourèrent aussitôt. Un
petit mouvement de curiosité me prit ; mais, au
moment où je me levais, attendu que les coiffures
et les plumes me gênaient, je sentis au cœur une
douleur aiguë, et un frisson qui me parcourut des
pieds à la tête ; je retombai assis. Ce que j'avais vu,
je ne puis le dire. Lorsque je revins à moi, je ne

trouvai dans ma mémoire qu'une robe de satin, un
teint d'ivoire, des cheveux d'ébène, tressés en nattes
et relevés derrière la tête : c'était la mode.

C'est elle, me dis-je, je l'ai vue. Je me mis debout, mais je la cherchai vainement dans la foule.
Etrange vision! me serais-je trompé ? Anna, celui
qui m'aurait dit que je devais te retrouver ainsi,
je l'aurais appelé un fou. Cependant le bruit des
instruments se faisait entendre ; toute mon âme
avait passé dans mes yeux ; mais elle n'était point
parmi les danseuses ; il me fallut attendre qu'une
longue et mortelle contredanse fût terminée.....
Alors,.... je la revis.....

Elle était pâle et couverte de diamants ; pourtant
elle avait plutôt l'air sérieux que triste ; appuyée
sur son bras nonchalamment, elle refusait avec
obstination quelques empressés. Ma première idée
fut d'aller droit à elle..... Je tâchai de sortir de mon
coin ; mais c'est alors que je me repentis de l'humeur taciturne qui m'avait conseillé de m'y mettre; j'étais à une extrémité de la salle, et toutes les
mères, les tantes, les sœurs aînées étaient devant
moi. J'attendis donc, en frappant du pied et en sif-
flant entre mes dents, qu'une nouvelle contredanse,
me débarrassant de ce rempart, ne laissât plus que
la *tapisserie.*

Anna ou lady C....., ou je ne sais qui (car, dans
cette société plus que mêlée, mille idées différentes

m'assiégeaient et me tourmentaient encore), refusait absolument de quitter sa place. Cependant lord C....., qui se tenait d'un air froid à côté d'une table de jeu, alla lui parler à l'oreille; elle se leva, prit la main d'un de ses *attentifs*, et vint se mettre devant moi.

Comment faire? Elle me vit en passant, mais sans paraître m'observer ni me reconnaître; cependant, à un second coup d'œil jeté de mon côté, il me sembla la voir plus pâle encore qu'auparavant; je me trompais sans doute, car, dès que la contredanse fut achevée, elle prit le bras du marquis et sortit de la salle.

Nul ne peut concevoir mon profond étonnement; stupéfait, debout comme une pierre, je croyais avoir rêvé. Anna, te souvient-il, lorsqu'à la lueur des lampes nous marchions dans la rue d'Oxford? te souvient-il de m'avoir vu? te souvient-il de m'avoir aimé? de n'avoir eu sur la terre que moi seul pour ami, pour consolation, lorsque, partageant tout entre nous, nous ne pouvions partager que nos douleurs? Cela est impossible, elle ne m'a pas reconnu. Et ce lord C..... qu'est-il pour elle? son mari? son amant? Je sortais aussi; mon jeune officier me joignit à la porte. — Eh bien! me dit-il, vous ai-je tenu ma promesse? N'avons-nous pas ici les plus jolies femmes de Londres? — Quelle est donc, lui répondis-je, celle qui vient de partir à l'instant avec le marquis de C.....? — Ah! me dit-il

en riant, c'est une espèce de *dame*; ne l'avez-vous
pas trouvée charmante? — Charmante, je vous
assure. — Vous sortez ? Quoi! à la première entre-
vue, déjà prêt à la suivre? Votre philosophie s'est
égayée, j'avais raison; adieu, adieu! — Je vous
jure... — Ne jurez pas. Je ne veux pas vous rete-
nir..... adieu.....

Je descendis lentement et me mis à marcher plus
lentement encore ; je ne pris même pas garde qu'il
pleuvait à verse, et que j'avais une longue route à
faire. J'étais comme un homme à qui l'on vient de
lire sa sentence de mort ; un coup terrible m'a-
vait brisé. — Si l'on disait à un homme : ton ami
vient d'être assassiné, il crierait, il s'arracherait
les cheveux dans son désespoir. Mais, si vous lui
disiez : ton ami vient de commettre un assassinat,
alors il se tairait, il baisserait la tête et cesserait de
croire à la Providence. C'est dans cet état que je
me trouvais. Oui, plutôt que de voir ainsi tomber
toutes mes espérances comme tous mes souvenirs,
se détruire le seul rêve de mes nuits, se rompre la
seule corde qui vibrât encore dans mon cœur;
plutôt que de voir Anna devenir la maîtresse d'un
marquis de C..... j'aurais voulu la voir morte.

Je m'aperçus ou crus m'apercevoir que j'étais
suivi. Deux hommes enveloppés de manteaux mar-
chaient de toutes leurs forces derrière moi, et semblaient tâcher de m'atteindre; je ralentis le pas, et
bientôt je les vis distinctement s'avancer de mon
côté. L'un deux me dit:— Ne vous nommez-vous

pas.....? — Oui, répondis-je, que me voulez-vous ?
— Si vous avez du cœur, me répondit-il plus bas,
trouvez-vous demain à dix heures précises, rue Albemarle, n° 6. Ils disparurent plus vite encore
qu'ils n'étaient venus.

Le lendemain je fus exact au rendez-vous; j'a-
vais aussi peu d'ennemis que de bonnes fortunes;
je ne m'attendais ni à un duel ni à un déjeuner.
On me fit entrer dans une petite pièce basse et assez
mal éclairée, où je vis une femme près de la cheminée, assise sur un sopha — Laissez-nous, dit-
elle, quand je fus introduit. C'était sa voix. Je
restai debout sans pouvoir parler.

Elle se jeta à mon col. — C'est moi ! s'écriait-elle,
ne me reconnaît-il plus?—Anna, lui dis-je, je te re-
connais. Puis, revenant à moi : Madame, je vous
ai reconnue hier ; si j'avais pu vous approcher!...—
Asseyez-vous, dit-elle, et écoutez-moi ; nous n'avons
pas de temps à perdre. Je m'assis auprès d'elle.

— Ce que je craignais est donc arrivé! Le seul
homme qui eût compris mon cœur m'a jugée comme
tout le monde ! Tant d'amitié, tant de souvenirs se
sont effacés devant une toilette de bal, devant une
parure de diamants! C'est bien, cela devait être
ainsi, et pourtant, ô mon Dieu ! en quoi l'ai-je
donc mérité ? Ecoutez-moi : je vous ai vu hier, j'ai
deviné votre pensée, et ne pouvant la supporter, je
me suis en allée.

— Mais pourquoi, l'interrompis-je, pourquoi ce lord C..... à votre bras? pourquoi cette fuite? Anna, expliquez-moi.....

— Si vous m'aviez parlé hier, répondit-elle, c'eût été le plus grand de tous les malheurs, car je serais tombée par terre de faiblesse; j'en étais sûre, vous m'avez jugée ainsi!

Lorsque vous me laissâtes, il y a deux ans, sur un banc, au coin d'une rue, pleurant votre départ, j'eus à peine la force de retourner chez moi. Il ne me restait plus rien. J'entrais dans ma maison, lorsque mon hôte, que je rencontrai sur le pas de la porte, me voyant dans l'état où j'étais, se mit à plaisanter: — Est-il parti, dit-il en riant, ce cher ami? Je passais sans répondre; il m'en empêcha; je me dégageai de ses bras en criant. Ce furent alors les injures qui succédèrent aux railleries. Sentant que je les méritais, je m'enfuyais pour les éviter; il m'arrêta encore. — Écoutez, me dit-il, je veux faire quelque chose pour vous; montez dans votre chambre, faites un paquet de vos hardes, et puis....., et puis....., ajouta-t-il avec un grand éclat de rire, vous irez coucher où vous pourrez, ou bien où vous voudrez. Il y a assez longtemps que je vous garde chez moi par charité.

Je montai chez moi, je fis un paquet de mes

hardes, je le payai (1), et je sortis à onze heures du soir sans avoir un gîte, sans savoir où aller. Je m'assis sur une borne et j'y demeurai comme immobile; puis tout à coup je me mis à fondre en larmes.

Je marchai toute la nuit sans penser à rien, regardant la terre et les pavés humides, que je comptais machinalement; le froid était aigu. Lorsque le jour commença à paraître, me sentant accablée de fatigue, je m'endormis sur le boulevard. Je ne sais pas si je reposai longtemps, mais un homme qui me secouait le bras rudement, m'éveilla; je ne le connaissais point. — Qui êtes-vous? me dit-il; pourquoi êtes-vous là? Au lieu de lui répondre, je cherchais autour de moi le paquet que j'avais laissé tomber en m'endormant : il n'y était plus. Je commençai à me tordre les mains et à pousser des cris de douleur. Qu'allais-je devenir? — Il ne faut pas vous désespérer, me dit-il (je crois encore l'entendre); il ne faut pas pleurer : venez avec moi. Que vous est-il arrivé? qu'avez-vous? Je n'avais pas la force de lui répondre; il m'aida à me relever, je m'appuyai sur lui : puis, essayant de marcher, je me trouvai mal.

C'est une chose bien singulière que tout ce qui m'arriva dans cette matinée; je pouvais aller coucher dans une autre maison, il me restait de quoi

(1) On se souvient que j'avais laissé à Anna un peu d'argent avant mon départ.

vivre quelques jours ; mais je n'avais plus ma tête :
votre départ m'avait tuée.

Lorsque je revins à moi, j'étais dans une chambre très-riche et bien meublée, sur un lit de repos ;
le même homme se tenait auprès de moi et semblait me prodiguer des soins : c'était le marquis
de C....., celui que vous avez vu hier. — Vous
allez me dire qui vous êtes, s'écria-t-il, car il faut
que je le sache. Mes genoux tremblaient sous moi ;
je n'osais pas lui dire toute la vérité. — C'est bien,
répliqua-t-il ; je ne serai pas pour vous comme un
tyran de mélodrame, mais il faut m'écouter et
m'obéir. Alors il me fit donner à manger, puis
voyant que nous étions seuls, il s'assit près de moi,
appuya son bras sur son genou, et d'une voix presque basse il me tint un discours qui me fit horreur.

Je me levai tout à coup comme sortant d'un
songe pénible, et je marchai vers la porte. — Ah !
ah ! dit-il en riant, c'est très-bien ; mais la porte
est fermée. Il courut après moi et me retint. Je le
repoussai, il riait plus fort. Voyant que je prenais
un couteau pour me défendre, il me l'ôta de la
main et me jeta rudement par terre. — Écoutez,
me dit-il d'une voix de tonnerre, ceci est une plai-
santerie ; vous êtes bien jeune pour être si mé-
chante ; si vous voulez vivre, il faut rester ici. Qui
sait où vous êtes ? qui vous connaît ? qui vous ré-
clamera ? Si vous étiez morte de faim et de froid au

coin du boulevard, qui s'en serait inquiété ? Songez que vous n'existez plus pour le monde, que vous n'existez que pour moi. A ces mots, il se leva, ferma la porte et me laissa seule.

Mon ami, vous savez toute mon histoire ; je vécus comme dans un tombeau, ne voyant que lui et une vieille domestique qui me gardait. Hélas ! je n'avais qu'une ressource, c'était de me tuer ; mais, mon ami, je suis une faible femme..... je n'en ai pas eu le courage (1) ! Ainsi le sort a épuisé sur moi toute sa colère ! Et pourtant qu'avais-je fait, ô mon Dieu ?

Cependant, quelques mois après, il me vint chercher en voiture, m'ordonna de m'habiller et me mena au bal ; et de temps en temps, il continua ainsi de me tirer de ma prison pour une soirée. J'ai su plus tard que ces sortes de prisons avaient un nom plus noble, et que le monde les connaissait et les permettait.

Et puis, à qui m'adresser ? qui m'eût voulu croire ? J'aurais excité le sourire et non la pitié ! J'ai passé là, mon ami, plus d'une année ; je ne crois pas qu'on puisse être plus malheureuse que je l'étais. Hier, enfin, je vous ai aperçu. Rentrée chez moi à la hâte, pour la première fois, chose étrange, l'idée me vint de gagner ma vieille gardienne ; je lui offris un écrin de diamants ; elle l'accepta ; je

(1) Songez qu'Anna, beaucoup plus jeune, avait été vendue par ses parents.

vous fis suivre par mes gens et c'est ainsi que j'ai
pu vous retrouver.

— Anna, lui répondis-je, c'est à moi de vous
sauver. Quand puis-je vous revoir?

— Demain matin, me dit-elle, à la même heure.

Elle regarda à une petite montre couverte de
pierreries, qui pendait à sa ceinture. — Déjà si
tard! s'écria-t-elle; s'il est rentré, je suis perdue!

— Ecoutez, écoutez, lui dis-je, je vous attends
demain; j'aurai des chevaux de poste et une épée.
Que le ciel...

Et une voix forte cria derrière la porte : « Anna,
ouvrez, c'est moi; ouvrez sur-le-champ. » Anna
se leva et voulut aller ouvrir, mais elle n'en eut
pas la force, et resta appuyée sur un fauteuil.

J'ouvris. Le marquis de C... entra.

— Mort et damnation! s'écria-t-il.

— Monsieur, lui dis-je d'un grand sang-froid,
voulez-vous que nous passions chez moi pour
prendre des épées?— Me battre pour une fille! dit-
il. Mais qui se fait son champion? Quelque misérable, digne de ses bonnes grâces. — (J'avoue
qu'ici mon sang-froid se démentit.) Je lui donnai
un soufflet. — Un valet! s'écria-t-il, un misérable!
— Monsieur, répliquai-je, venez avec moi, si vous
n'êtes pas un lâche? Il me prit au collet. — Oui,
dit-il, je vous suis; venez avec moi. Puis il s'arrêta tout à coup : — Non, non, restons dans cette

chambre. Pourquoi sortir? Il alla à une petite armoire qui était dans le mur au fond de la chambre, et en tira deux épées et des pistolets. — Ceci fait moins de bruit, lui dis-je en prenant une épée. Nous ôtâmes nos habits.

J'ai déjà dit que la chambre était petite. Nous n'avions pour nous battre que l'espace du lit à la cheminée, et il était presque impossible de reculer. Anna était trop faible pour crier. Je la pris et l'assis sur le sopha qui était derrière moi. Lord C... ne disait plus rien; il avait repris son air impassible, et essayait la pointe de son épée sur le tapis.

Nous commençâmes à nous battre. A la première attaque, je reçus un coup d'épée dans l'épaule gauche, et je fus forcé de m'appuyer sur le sopha. J'y portai la main; ne voyant pas de sang, je me remis en garde, quoique sentant une douleur froide et cuisante. Lord C... parait tous mes coups avec une tranquillité et une adresse qui m'inspirèrent de la rage. Je criais et je tournais autour de lui. Il demeurait ferme; mais, me voyant faire une faute, tout à coup ses yeux s'animèrent; il fondit sur moi de toutes ses forces. Il était grand, je parai le coup en levant son épée, qui perça le rideau. Alors reprenant tout mon avantage, je l'atteignis au-dessous du bras, et l'étendis sur la place.

Sans dire un seul mot, et comme si je venais de

faire la chose la plus simple du monde, je pris
Anna dans mes bras. Le marquis, nous voyant
sortir, jura et se débattit. Nous descendîmes.
Trouvant une voiture de place sur mon passage,
je la mis dedans, et nous gagnâmes promptement
la rue de... , où je logeais. En deux heures de
temps nous eûmes des chevaux de poste; j'envoyai
un chirurgien au marquis, et nous partîmes.

Ce fut alors seulement que je pus réfléchir à
l'action que je venais de commettre; en même
temps à ma blessure, qui, commençant à saigner
beaucoup, m'affaiblissait. Nous nous arrêtâmes au
premier relais, où je me fis panser (je n'étais pourtant pas blessé grièvement), en sorte que nous arri-
vâmes jusqu'ici sans accident.

Heureuse ou malheureuse, telle fut l'issue de
cette affaire. Et pendant longtemps une tristesse
mortelle, avec des irritations d'estomac, me tour-
mentèrent dans ma retraite. Mais Électre veillait
auprès d'Oreste, pour écarter de sa couche les
songes funèbres et les apparitions. Toi, la compagne
de mes dernières années, tu étais mon Électre! tu
pleurais avec moi, afin de me faire oublier mes
pleurs; mes lèvres brûlantes se rafraîchissaient à
ton haleine douce et pure; non, jamais, lorsque
ton âme était triste de mes plus noirs chagrins,
lorsque mes fantômes t'épouvantaient toi-même
dans la nuit, jamais alors il ne t'échappa une
plainte ou un murmure; ton sourire d'ange restait sur ta bouche, comme sur celle de la bien-

veillante Électre. Car, elle aussi, quoiqu'elle fût la
fille du pasteur des peuples (1) elle pleurait quelquefois, et cachait son visage (2) dans sa robe.

Mais ces temps de douleur sont passés; et tu
nous liras cette page si terrible de notre histoire
comme la légende d'un drame hideux qui ne 're-
viendra jamais.

Qu'on se figure une chaumière, au fond d'une
vallée, à dix-huit milles de la ville la plus pro-
chaine; la vallée n'étant pas bien grande, deux
milles de long sur un demi de large; des montagnes, mais de véritables montagnes, de trois ou
quatre mille pieds de haut; et une chaumière, mais
une véritable chaumière, non pas (comme l'a dit un
spirituel auteur) avec remises et écuries; mais une
petite maison blanche, toute couverte de feuilles et
de fleurs; et les roses de mai commençant à l'en-
tourer d'un berceau que les jasmins finissent. Que
ce ne soit pourtant ni le printemps, ni l'été ni
l'automne, mais l'hiver dans sa plus grande ri-
gueur. C'est un point très important pour qui sait
être heureux. Je suis surpris de voir tant de gens
se féliciter de la fin de l'hiver, ou, s'il vient, de
ce qu'il ne s'annonce pas bien tristement. Pour
moi, au contraire, je demande au bon Dieu, chaque
année, autant de neige, de grêle, de glaces, de tem-

(1) Ἄναξ ἀνδρῶν Ἀγαμεμνῶν.
(2) Ὄμμα θείσ' εἴσω πέπλων.

pètes que la terre peut en porter et que les cieux en
peuvent fournir. Et qui n'a goûté les divins plaisirs d'un *coin de feu* d'hiver ! Des lumières à quatre
heures, les pieds bien chauds, du thé, une jolie
main pour le verser, les portes et les fenêtres bien
fermées et les rideaux lourds tombant jusqu'à terre,
tandis que le vent et la pluie font rage sur les carreaux et sur les toits.

En novembre il fait froid ; et mieux vaut un asile
Que le toit d'un ciel noir par d'humides sentiers.

Donnez-moi un hiver de Russie pour mon argent ; hiver charmant, où l'on dispute ses oreilles
au vent de bise ! Mais ici il me faudrait un peintre
pour me représenter une petite chambre de dix-
sept pieds sur douze, et qui n'a que sept pieds et
demi de haut. Ma famille lui avait donné le titre
ambitieux de cabinet de travail. Mais je l'appelle
prosaïquement ma bibliothèque : car je ne suis
plus riche que mes voisins, qu'en livres. J'en ai
environ cinq mille, que j'ai peu à peu rassemblés
depuis ma dix-huitième année. Ainsi donc que l'artiste en mette le plus qu'il pourra dans la chambre.
Peignez-moi aussi, monsieur, un bon feu ; et auprès de ce feu une table à thé ; et comme il est clair
que nous n'aimons pas beaucoup les tiers, ne mettez
que deux tasses sur cette table ; et si vous pouvez
me représenter une chose aussi rare, peignez-moi
une théière éternelle. Éternelle à *parte post* et à
parte antè ; car, à l'ordinaire, je prends du thé depuis

huit heures du soir jusqu'à quatre heures du matin.
Et comme il est ridicule de faire du thé pour un,
faites-moi, je vous prie, une jeune et jolie femme,
assise à côté de moi. Mettez-lui des bras comme
ceux d'Aurore, une bouche comme celle d'Hébé.
Mais non, mon cher Monsieur, faites-moi un mangeur d'opium avec sa petite soucoupe d'or devant
lui. Ceci vaut mieux que toutes les tasses de thé du
monde.

A propos d'opium, il faut que je vous conte
un petit incident qui ne laissa pas que d'influer
beaucoup sur les rêves que j'ai à vous décrire. Un
jour, un Malais frappa à ma porte. Quelle affaire
amenait un Malais dans les montagnes de l'Angleterre ? je n'en puis rien vous dire; mais peut-être
allait-il à un port de mer qui est à quarante milles
de ma maison.

La servante qui lui ouvrit était une jeune fille
née et élevée dans les montagnes, qui n'avait jamais vu le turban d'un Asiatique; il lui fit donc
une grande peur; et, comme il ne se trouva pas
beaucoup plus familiarisé avec le costume anglais
qu'elle ne l'était avec le sien, ils restèrent tous deux
sans dire mot. Dans cet embarras, la jeune fille, me
croyant sans doute plus qu'érudit dans tous les lan-
gages de la terre (si je ne l'étais pas même dans
quelques-uns de ceux de la lune), vint me chercher
et me fit entendre qu'une espèce de démon me demandait. Je ne descendis pas aussitôt; mais quand
je descendis, je trouvai l'étranger dans la cuisine.

— Son turban de lin blanc posé sur le tapis, il s'é-
tait placé plus près de la jeune fille qu'elle ne semblait le vouloir elle-même : en sorte que sa frayeur
contrastait singulièrement avec cette expression de
hardiesse qu'ont toutes les jeunes filles des montagnes. Rien n'était si beau à la fois et si bizarre,
que la finesse et la blancheur de son visage, auprès
des traits basanés et de la barbe noire de l'homme
aux grosses lèvres et aux yeux ardents. Il y avait
un petit garçon du voisinage, à moitié effrayé, à
moitié content, qui le regardait en face, en s'ac-
crochant d'une main au tablier de la jeune fille. Je
ne suis pas bien fort sur les langues orientales, car
je ne sais du turc que le mot *Madjoon* (opium),
que j'ai lu dans Anastase; et, comme je n'avais ni
un dictionnaire malais, ni même un *Mithridates*
d'Adelung, qui pût m'aider pour quelques mots, je
lui dis quelques lignes de l'Iliade, pensant que
de toutes les langues que je savais, le grec était
celle qui se rapprochait le plus de celle de mon
hôte; il me salua de la manière la plus polie et me
répondit en une langue qui était sans doute du
malais. C'est ainsi que je sauvai ma réputation aux
yeux des voisins, car le Malais était incapable de
trahir mon secret. Il s'assit par terre environ une
heure et continua sa route. A son départ, je lui
présentai un morceau d'opium. Je pensais qu'en
sa qualité d'Asiatique, l'opium devait lui être
connu : l'expression de sa physionomie suffit pour
m'en convaincre. Cependant j'avoue que je tombai
de mon haut en le voyant porter sa main à ses

lèvres et avaler le tout en trois bouchées. Il y en
avait assez pour tuer trois cuirassiers et leurs chevaux; et je fus d'abord effrayé; mais que faire ? Je
lui avais donné cet opium en pensant qu'il avait
peut-être traversé à pied les provinces et la ville,
et que, depuis trois semaines, il n'avait pas échangé
une pensée avec une créature humaine. Il s'en alla;
et, comme je n'entendis point dire qu'on l'eût
trouvé mort nulle part, j'en concluai qu'il avait
l'habitude de prendre de l'opium.

J'ai fait cette digression, parce qu'elle était nécessaire pour l'intelligence de certaine partie de
mon récit; mais je m'empresse de revenir à mon
texte, et de dire ce que j'ai encore à raconter.

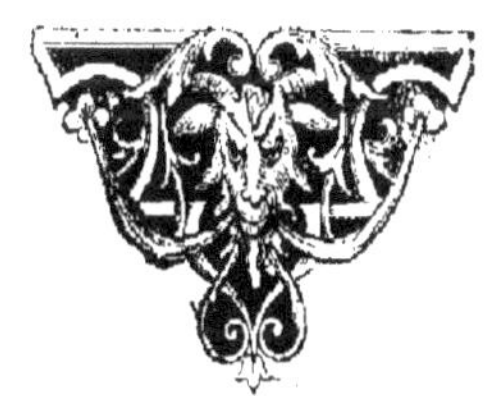

QUATRIÈME PARTIE

> « *Comme lorsque quelque grand
> peintre trempe son pinceau dans
> les sombres couleurs du tremble-
> ment de terre et de l'éclipse.* »
>
> Shelleñs, *Révolte d'Islam.*

ECTEUR, qui m'avez accompagné
jusqu'ici, je réclame votre atten-
tion pour une explication en trois
points.

I

Pour plusieurs raisons, je n'ai pas pu composer
les notes qui ont servi à cette partie de mon récit
d'une manière suivie et régulière. Je les donne
donc comme je les trouve, ou comme ma mé-

moire peut me les rappeler : les unes sont datées,
les autres ne le sont pas. Quand j'ai eu besoin de
les déranger de leur ordre chronologique, je n'ai
gardé aucun scrupule là-dessus ; quelquefois je
parle du présent, quelquefois du temps passé.

II

Vous trouverez peut-être que je suis trop pro-
digue de ma propre histoire : cela doit être. Mais
ma manière d'écrire est plutôt de penser tout haut,
et de suivre mon envie, que de prendre garde à
qui m'écoute; et, si j'en viens à examiner si l'on
peut dire telle ou telle chose, j'en viendrai bientôt
à croire qu'on ne peut rien dire du tout. Je me
place moi-même à quinze ou vingt ans d'ici, et je
suppose que j'écris pour ceux qui prendront alors
quelque intérêt à moi. Cherchant ainsi à rassem-
bler tous les événements connus de moi seul, je
travaille avec tous les efforts que je suis capable
de faire à présent, attendu que je ne sais pas si je
pourrai jamais retrouver le temps de les faire une
autre fois.

III

Vous serez souvent prêt à me demander pourquoi
je ne me débarrasse pas des horreurs de l'opium en
le quittant, ou en diminuant la quantité des doses.

Je vais bientôt avoir répondu. On a pu supposer que je cédais trop aisément au charme de cette passion; on ne supposera pas que je trouve du charme dans mes propres terreurs. Que le lecteur croie donc que j'ai essayé de bien des manières, et bien souvent, à réduire la quantité. J'ajouterai que ceux qui m'ont vu souffrir de tels essais, ont été les premiers à me supplier d'y mettre fin. Mais n'aurais-je pas pu retrancher une goutte par jour, ou, en y ajoutant de l'eau, partager une goutte en deux ou trois? Mille gouttes ainsi partagées, auraient duré près de six ans à réduire. C'est là l'erreur commune de ceux qui ne connaissent pas l'opium par eux-mêmes.

J'en appelle à ceux qui en ont fait l'expérience; ils ont dû voir que, jusqu'à un certain point, on peut le réduire aisément et sans aucune douleur; mais qu'ayant une fois passé outre, il ne faut plus songer à revenir. Sans doute, diront ceux qui ne savent de quoi ils parlent, vous souffrirez pendant quelques jours un abattement d'esprit, un engourdissement. Rien de tout cela. Au contraire, les esprits sont exaltés, le pouls est fort, la santé est meilleure. Ce n'est pas là qu'est la souffrance. Ceci n'a aucune ressemblance avec ce qu'on éprouve en renonçant à l'usage du vin. C'est un état d'irritation d'estomac intolérable, accompagné de respiration précipitée, et de telles douleurs qu'il serait inutile d'essayer de les décrire.

Maintenant je vais entrer *in medias res*, et reprendre ma narration commencée.

Mes études depuis longtemps sont interrompues.
Je ne puis lire moi-même avec aucun plaisir ; il
m'est difficile surtout de lire quelque temps de
suite. Cependant je lis parfois tout haut pour amuser les autres, parce que la lecture est un de mes
talents principaux, presque le seul que je possède.
Il m'a rendu longtemps très fier, attendu qu'il
est assez rare. Les acteurs sont les plus méchants
lecteurs qu'on puisse voir : M....., lit assez bien ;
et M^rs... dont on parle tant, ne sait lire que les pièces
de théâtre ; elle ne peut lire Milton d'une manière
supportable. En général, ou on lit la poésie sans
la comprendre, ou on dépasse les bornes du naturel. Si quelque chose m'a jamais ému dans un livre,
ce sont les grandes lamentations de Samson Ago-
nistes, ou les grandes harmonies des discours de
Satan dans le *Paradis recouvré*, lorsque je les lisais tout haut. Une jeune dame venait quelquefois
prendre le thé avec nous ; et je lisais les poëmes
de M. W....th. (W..., par parenthèse, est le seul
poëte que j'aie jamais vu lire bien ses propres
vers ; il lit admirablement.)

Depuis près de deux ans, je crois que je n'ai lu
qu'un seul livre. Les mathématiques, la philosophie, etc., me sont devenues insipides. Je leur
trouve une pauvreté et une faiblesse enfantine qui
m'attristent lorsque je pense qu'elles ont fait mes
occupations et mes plaisirs d'autrefois. Dans l'état
où je me trouve, je me suis tourné pour m'amuser
vers l'économie politique. En 1819, un ami que

j'ai à Edimbourg m'envoya l'ouvrage de M. Ricardo ; et je m'écriai, avant d'avoir fini le premier
chapitre : C'est toi qui es l'homme ! L'admiration
et la curiosité étaient des sentiments morts depuis
longtemps dans mon sein, j'admirai pourtant. Ce
fut là le seul livre que je pus écouter. C'est à ce
sujet que je composai mes *Prolégomènes à tout système futur d'économie politique*. J'espère qu'on
ne trouvera pas qu'ils sentent l'opium ; quoique
pour bien des gens, ce soit un narcotique assez
puissant.

J'avais intention de publier cet ouvrage : l'arrangement fut fait avec un imprimeur de province ;
de plus un prote fut retenu pour quelques jours.
Mais il me restait une préface à faire, et une dédi-
cace que je comptais adresser à M. Ricardo. Je
me trouvai totalement incapable de l'entreprendre.
Les arrangements furent contremandés, le prote
renvoyé, et mes « Prolégomènes » restèrent paisible-
ment à côté de leur frère ainé plus heureux.

J'ai ainsi décrit et raconté ma propre imbécillité,
en termes qui s'appliquent, plus ou moins, à
chaque partie des quatre ans durant lesquels je fus
sous *le pouvoir de Circé*. Mais pour ce qui est de
la souffrance et des maux que j'ai endurés, rien ne
peut les exprimer. J'étais bien rarement capable
d'écrire une lettre ; une réponse de deux mots à
celles que je recevais, était tout ce que je pouvais
faire ; et cela, souvent après avoir laissé ma lettre

ouverte pendant des semaines ou des mois sur ma table. Sans l'assistance de M..., tout billet à faire payer ou à payer serait resté de même, et il en eût été de mon économie domestique comme de mon économie politique.

Le *mangeur d'opium* pourtant ne perd rien de sa sensibilité morale. Il désire, il attend, il espère aussi vivement qu'auparavant; il sent ce qu'il doit faire; mais ce qui est possible est au delà de ses forces, non-seulement sous le rapport de l'exécution, mais encore sous le rapport de la détermination. Il reste à souhaiter tout ce qu'il devrait faire, justement comme un homme qu'une langueur mortelle contraint à garder le lit, se sentirait l'envie de venger une injure ou un outrage fait à quelqu'un qui lui est cher. Il maudit les chaînes qui paralysent ses mouvements. Il donnerait sa vie pour se lever et marcher; mais, aussi faible que le plus faible enfant, il ne peut même l'essayer.

Je passe maintenant à ce qui fait le sujet de ces dernières confessions, à l'histoire, au journal de ce qui occupait mes rêves, car c'était là la cause immédiate et perpétuelle de mes plus cruelles douleurs.

La première chose qui me força de remarquer en moi un changement notable, fut le retour de ces visions auxquelles l'enfance seule ou les grands états d'irritabilité sont sujets. Je ne sais si le lecteur

se souvient que plusieurs enfants, peut-être tous,
ont la faculté de se peindre dans l'obscurité toute
sorte de fantômes. Dans les uns, ce pouvoir est
simplement une affection mécanique de l'œil ;
d'autres ont la volonté ou la demi-volonté d'appeler
ou d'écarter ces effets singuliers; un enfant que je
questionnais là-dessus, me dit un jour : « Je puis
leur dire de venir, et ils viennent; mais ils viennent quelquefois lorsque je ne leur dis pas de venir. » Sur quoi je lui répondis qu'il avait sur les
apparitions un pouvoir presque égal à celui des
centurions romains sur leurs soldats. Vers le milieu
de l'année 1817, je crois, cette faculté vint décidé-
ment s'attacher à moi. La nuit, lorsque j'étais
éveillé dans mon lit, de longues processions passaient avec une pompe lugubre autour de moi; je
m'entendais raconter d'interminables histoires,
plus tristes et plus solennelles que celles d'avant
Œdipe ou Priam, avant Tyr, avant Memphis, et,
dans le même temps, un changement s'opéra dans
mes rêves; un théâtre semblait tout à coup s'ouvrir
et s'éclairer dans mon cerveau, et me présenter des
spectacles de nuit d'une splendeur plus qu'humaine; et les quatre faits suivants doivent être
mentionnés comme remarquables.

I

Au moment où s'augmentait la faculté de créer
dans mes yeux, une espèce de sympathie s'établis-

sait entre l'état de rêve et l'état de veille où je me
trouvais. Tous les objets qu'il m'arrivait d'appeler
et de me retracer volontairement dans l'obscurité,
étaient aussitôt transformés en apparitions; de sorte
que j'avais peur d'exercer cette faculté redoutable;
car, semblable à Midas, dont l'avarice se punissait
elle-même, et qui changeait en or tout ce qui l'ap-
prochait, dès qu'une chose pouvait se présenter aux
yeux, je n'avais qu'à y penser dans l'obscurité, et
je la voyais paraître comme un fantôme; et par, une
conséquence apparemment inévitable, une fois ainsi
tracée en couleurs imaginaires, comme un mot écrit
en encre sympathique, elle arrivait jusqu'à un
éclat insupportable qui me brisait le cœur.

II

Car ceci, comme tous les autres changements
advenus dans mes rêves, était accompagné par une
inquiétude et une mélancolie profonde, impossible à exprimer. Il me semblait chaque nuit que
je descendais, non pas en métaphore, mais littéra-
lement, dans des souterrains et des abîmes sans
fond, et je me sentais descendre, sans avoir jamais
l'espérance de pouvoir remonter. Même à mon
réveil je ne croyais pas avoir remonté.

III

Le sentiment de l'espace, et plus tard le sentiment de la durée, étaient tous deux excessivement

augmentés. Les édifices, les montagnes s'élevaient
dans des proportions trop vastes pour être mesurées
par le regard. La plaine s'étendait et se perdait
dans l'immensité. Ceci pourtant m'effrayait moins
que le prolongement du temps; je croyais quelquefois avoir vécu soixante-dix ans ou cent ans en une
nuit; j'ai même eu un rêve de milliers d'années;
et d'autres qui passaient les bornes de tout ce dont
les hommes peuvent se souvenir.

IV

Les circonstances les plus minutieuses de l'enfance, les scènes oubliées de mes premières années,
revivaient souvent dans mes songes; je n'aurais
pu me les rappeler; car, si on ne me les avait
racontées le lendemain, je les aurais cherchées vainement dans ma mémoire, comme faisant partie de
ma propre expérience. Mais placées devant moi
comme elles étaient, dans des rêves et des apparitions, et revêtues de toutes les circonstances environnantes, je les reconnaissais sur-le-champ. Un
de mes propres parents me racontait un jour que,
dans son enfance, il était tombé dans une rivière,
et qu'au moment où la mort allait l'atteindre, sans
un secours imprévu, il avait vu en un instant sa
vie entière, jusqu'aux plus petits accidents, se présenter à ses yeux comme dans un miroir; et qu'il
s'était senti en même temps la faculté singulière
d'en saisir l'ensemble aussi bien que les parties.

J'ajoute foi à ce récit, d'après les expériences que l'opium m'a fait faire. Et j'ai retrouvé la même chose dans les livres modernes, accompagné d'une remarque que je crois également vraie : c'est que le livre redoutable des comptes dont parle l'Ecriture, est l'âme elle-même de chaque individu. De tout cela, du moins, je tirai cette conclusion, que : *oublier* est impossible à l'homme. Mille événements peuvent et doivent tirer un voile entre la conscience présente et les secrètes *inscriptions* de l'âme; des accidents de même nature peuvent aussi le déchirer; mais voilée ou découverte, l'inscription reste toujours; comme les étoiles paraissent s'enfuir devant la lumière du soleil, tandis que la lumière se place entre elles et nous comme un grand voile. Elles attendent, pour se révéler, que l'obscurité succède au jour.

Ayant noté ces quatre faits, comme distinguant spécialement mes rêves de ceux qu'on a dans l'état de santé, je citerai maintenant un cas qui éclaircit ma première assertion ; et ensuite tous ceux que je pourrai me rappeler, soit dans leur ordre chronologique ou de toute autre manière, propre à produire plus d'effet sur le lecteur.

J'ai été dans ma jeunesse, et même depuis, pour mon plaisir, un grand amateur de Tite-Live, dont j'avoue que je préfère le style et la forme, autant que le fond, à ceux de tout autre historien romain; et je regardais comme le mot le plus redoutable et

le plus solennel, comme une espèce de représentation de toute la dignité romaine, ce mot si souvent
rencontré dans Tite-Live, *consul romanus*, surtout le consul étant revêtu de sa puissance militaire. Je veux dire que les mots de roi, sultan,
régent, etc., etc., ou tout autre titre donné à ceux
qui s'arrogent la majesté collective d'un peuple
entier, avait moins de pouvoir sur moi. De même,
quoique je n'aie jamais été bien curieux d'histoire,
je m'étais rendu familier avec une période de l'histoire d'Angleterre, celle de la guerre du Parlement,
ayant été frappé de la grandeur de quelques-uns
des principaux personnages, et de l'intérêt qu'offrent les mémoires qui ont survécu à ces temps de
trouble. Ces deux parties principales de mes connaissances m'ayant servi de sujet dans mes réflexions, me servaient maintenant de sujet dans
mes rêves. Souvent, après m'être représenté dans
les ténèbres une espèce d'assemblée, un cercle de
dames, une fête et des danses, j'entendais dire, ou
je me disais : ce sont des dames anglaises du malheureux temps de Charles Ier. Ce sont les femmes
et les filles de ceux qui se sont rencontrés dans la
paix, se sont assis à la même table, alliés par le mariage ou le sang ; et pourtant, après un certain jour
du mois d'août 1642, ils ne se virent plus qu'au
champ de bataille ; et à Marston-Moor, à Newbury
ou à Heseby, ils se donnaient des coups de sabre,
et lavaient dans le sang la mémoire de leur ancienne amitié. Les dames dansaient et souriaient
comme à la cour de Georges IV. Cependant je

savais, même dans mon rêve, qu'elles étaient mortes
depuis près de deux siècles. Tout à coup, on frap-
pait des mains, j'entendais prononcer le formidable
mot : *Consul romanus*, et venaient immédiate-
ment *Paulus* ou *Marius*, entourés par une compa-
gnie de centurions, avec la tunique écarlate, et
suivis des *alalagenos* des légions romaines.

Quelques années après, comme je regardais les
antiquités de Rome de Piranesi, M. Coleridge, qui
était à côté de moi, me décrivit une suite de ta-
bleaux de cet artiste, appelés ses rêves, et qui ne
sont autre chose que de semblables visions pendant
un accès de fièvre. Quelques-uns (je parle toujours
d'après le récit de M. Coleridge) représentaient de
vastes salles gothiques : sur le plancher étaient se-
mées toutes sortes de machines, des câbles, des
poulies, des roues, des leviers, des catapultes, etc.
Et sur le côté des murs on apercevait un plateau ;
et, s'aidant à grimper sur ce plateau, Piranesi lui-
même ; suivez l'édifice un peu plus haut et vous
voyez qu'on arrive à un précipice escarpé, sans
aucune balustrade ; et cependant aucun moyen de
retourner sur ses pas. Il faut descendre au fond des
abîmes. Quoi qu'il arrive à l'infortuné Piranesi,
vous le supposez pour le moins à la fin de ses tourments et de ses efforts. Mais levez les yeux et
voyez une seconde échappée plus haute encore ; et
encore Piranesi sur le bord de l'abîme. Levez encore les yeux, et encore Piranesi sur un plateau
plus élevé ; et ainsi de suite jusqu'à ce qu'on le

perde dans les voûtes ténébreuses des salles. Avec
le même pouvoir de s'agrandir et de se multiplier,
l'architecture s'introduisit dans mes songes, dans
les derniers temps de ma maladie surtout; et je
voyais des cités et des palais que l'œil ne trouva
jamais que dans les nuages. Je ne connais de poëte
que Shadwell qui se soit inspiré avec de l'opium;
pourtant, dans l'antiquité, Homère est, je pense,
justement réputé avoir connu sa puissance et sa
vertu.

A mon architecture succédèrent des rêves de
lacs, d'étendues immenses d'eau; ils me tourmen-
tèrent tellement que je craignis (quoique cela doive
paraître bien hasardé à un médecin) que quelque
affection de semblable nature n'altérât mon cerveau et que l'organe sentant se prît lui-même ainsi
pour objet. Je souffris horriblement de la tête pendant deux mois; et jusque-là, jamais pareille chose
ne m'était arrivée; j'en pouvais dire ce que le dernier lord Oxford disait de son estomac, qu'elle
était capable de survivre au reste de mon corps. Je
n'y avais encore senti ni migraine ni douleur,
excepté ces rhumatismes causés par ma propre
folie. Je résistai pourtant, quoique voyant fort
bien à quoi je m'exposais.

Les eaux changèrent de caractère; au lieu de
lacs transparents, brillants comme des miroirs, ce
furent maintenant des mers et des océans. Et il se
fit encore un changement plus terrible, qui me

promettait de longs tourments et qui ne me quitta
en effet qu'à la fin de ma maladie. Jusqu'alors la
face humaine s'était mêlée à mes songes, mais non
d'une manière absolue, sans aucun pouvoir spécial
de m'effrayer. Mais alors ce que j'appellerai la
tyrannie de la face humaine vint à se découvrir ;
peut-être dois-je l'attribuer à quelques événements
de ma vie à Londres. Quoi qu'il en soit, ce fut
maintenant sur les flots soulevés de l'Océan, que la
face humaine commença de se montrer ; la mer était
comme pavée d'innombrables figures, tournées
vers le ciel ; pleurant, désolées, furieuses, se levant
par milliers, par myriades, par générations, par
siècles ; mon agitation était sans bornes ; mon âme
s'élançait avec les flots.

Mai 1818.

Le Malais m'a poursuivi pendant plusieurs mois
comme un ennemi acharné. Chaque nuit me trans-
portait au milieu des scènes de l'Asie ; je ne sais si
d'autres partageront mes idées sur ce point ; mais
j'ai toujours dit que, si j'étais forcé de quitter l'Angleterre pour vivre en Chine, au milieu des usages
chinois et de ce peuple inconnu, je deviendrais fou.
Les causes de cette horreur sont en grand nombre ;
quelques-unes doivent se rencontrer dans l'esprit
de tout le monde. L'Asie méridionale, en général,
est un lieu plein d'associations et de croyances
épouvantables.

Personne ne prétendra que les stupides et bar-
bares superstitions de l'Afrique, ou des peuples
sauvages, l'affectent de la même manière que les
religions anciennes de l'Indostan, si raffinées dans
leur barbarie. La seule antiquité des choses de
l'Asie, de leurs institutions, de leurs histoires, de
leurs usages, etc., me fait une telle impression qu'à
mes yeux l'ancienneté de la masse fait disparaître
la jeunesse même des individus. Un jeune Chinois
est pour moi un homme d'avant le déluge (renou-
velé.) Des Anglais mêmes, quoique ignorant tout à
fait de telles institutions, avaient horreur des céré-
monies mystiques de leurs castes, et refusaient de
s'y mêler; ce qui contribue à cela, c'est le manque
total de sympathies entre leurs manières et les
nôtres. J'aimerais mieux vivre avec des lunatiques
ou des bêtes brutes. Il faut que le lecteur entre
dans toutes ces idées, avant de pouvoir comprendre
l'inimaginable horreur dont ces rêves orientaux et
ces tortures, conseillées par la superstition, m'a-
vaient frappé. Sous le soleil ardent du tropique, je
rassemblais toutes les créatures hideuses, les oiseaux, les animaux, les reptiles, les arbres et les
plantes de toutes les régions inconnues, dans la
Chine et l'Indostan; l'Égypte même et ses dieux y
venaient aussi. J'étais arrêté, heurté, mordu par
des perroquets, des singes; je me frappais sur des
pagodes; j'étais fixé pour des siècles à leur sommet,
ou dans leurs chambres secrètes; j'étais l'idole, j'é-
tais le prêtre, j'étais la victime; on me sacrifiait. Je
fuyais la colère de Brahma à travers toutes les forêts

de l'Asie : Vishnu me haïssait ; Seeva m'attendait. Je tombais dans les mains d'Isis et d'Osiris ;
j'entendais dire à tout le monde que j'avais commis
une action dont le récit faisait trembler l'ibis et le
crocodile. On m'ensevelissait, pour des milliers
d'années, dans des cachots de pierre, avec des mines
et des sphynx, dans des chambres sombres et
tristes, au cœur des pyramides éternelles. Je sentais
les baisers froids et hideux des crocodiles, et je tombais au milieu des serpents et des monstres, dans
les sables et les herbes du Nil.

Je ne sais si le lecteur comprend toute l'horreur
de ces visions ; elle était si grande pour moi, qu'elle
ressembla d'abord à de l'étonnement. Vinrent ensuite, non pas tant la terreur que l'aversion et le
dégoût. Chaque cérémonie, chaque menace, chaque
punition, était accompagnée d'une idée d'éternité
qui m'accablait jusqu'à me faire perdre la raison.
Jusque-là, ce qui m'avait effrayé dans mes rêves,
sortait de mon imagination ; ici les causes, les
agents étaient physiques : des oiseaux, des serpents
ou des crocodiles, des crocodiles surtout. Cet
animal maudit m'épouvantait à lui seul plus que
tous les autres. J'étais forcé de vivre avec lui, et
(comme toujours) pendant des siècles. Je me sau-
vais quelquefois, et je me trouvais dans des mai-
sons chinoises, avec des tables de bambous. J'avais
alors une grande frayeur de ces petits animaux qui
s'introduisent dans leurs habitations ; de sorte
qu'en dormant, en mangeant, ils sont toujours en

danger de mort. Mais les sophas sur lesquels j'étais
assis venaient à se mouvoir eux-mêmes; l'abomi-
nable tête du crocodile, avec ses yeux de flamme,
me regardait, et je restais comme fasciné. L'affreux
reptile se retrouvait si souvent dans mes songes,
que plusieurs fois le même rêve finissait de la même
manière. J'entendais de douces voix qui me parlaient (j'entends tout ce qui se passe autour de moi
pendant mon sommeil), et je m'éveillais aussitôt.
Il était grand jour, et je trouvais mes enfants, se
tenant la main à mon chevet. Ils venaient me montrer leurs souliers de couleur, ou leurs habits neufs
qu'on leur avait mis pour sortir. Je vous jure que
passer de ces rêves effroyables à la vue de ces in-
nocentes créatures me causait une révolution si
forte, que je pleurais en les embrassant, sans pouvoir m'en empêcher.

Juin 1819.

J'ai eu occasion de remarquer, à différentes
époques de ma vie, que la mort de ceux à qui nous
sommes attachés, et l'idée même générale de la
mort, est (*cæteris paribus*) plus frappante pendant
l'été que pendant toute autre saison. Et voici pourquoi, du moins à ce que je pense : d'abord ce que
nous pouvons voir du ciel nous paraît alors plus
élevé, plus grand et (si on peut se permettre une
telle expression) plus infini. Les nuages, au moyen
desquels l'œil mesure ordinairement l'éloignement

de ce pavillon bleu suspendu au-dessus de nos têtes,
sont en été plus grands, accumulés en masses plus
énormes ; secondement, la lumière et le spectacle
du soleil couchant et du soleil levant sont plus
propres à faire naître l'idée de l'infini ; et troisièmement (ce qui est la plus forte raison), la nature,
vivifiée par la chaleur et la puissance du soleil plus
ardent, lutte avec horreur contre la pensée de la
mort et la froide stérilité du tombeau. Mais l'on
peut observer généralement que, si deux idées s'op-
posent l'une à l'autre et se repoussent, elles se font
naître mutuellement. C'est pour cela qu'il m'est
impossible de bannir la pensée de la mort, lorsque
je me promène seul dans les jours si longs de l'été,
et un récit de mort particulier, s'il ne me touche
pas davantage, du moins reste dans mon esprit
d'une manière plus opiniâtre. Peut-être cette raison
et un petit événement que je passe sous silence ont
été les causes du rêve suivant. Mon âme, cependant, y était disposée d'avance ; mais, s'étant une
fois déclaré, il ne me quitta plus, et, prenant mille
formes fantastiques, il les réunissait ensuite toutes
à la fois, et composait de nouveau la première
vision.

Il me semblait que c'était un dimanche matin
du mois de mai. J'étais debout, à la porte de ma
chaumière. Devant moi se passait une scène, que
la position du lieu même pouvait amener, mais que
mon imagination rendait plus solennelle et plus
forte. Je voyais nos montagnes et, à leurs pieds, les
mêmes vallées ; mais les montagnes étaient plus

hautes que les Alpes. D'ailleurs, aucune créature humaine, excepté quelques personnes dormant tranquillement dans le cimetière sur des tombeaux couverts de feuilles et de fleurs, et particulièrement sur le tombeau d'un enfant que j'aimais beaucoup. J'avais vu tout cela, justement une matinée d'été, lorsque était mort ce pauvre enfant. Je regardais cette scène, qui n'était pas nouvelle pour mes yeux, et je me disais tout haut : « Il manque à tout cela un lever du soleil. C'est un triste jour. Et c'est le jour où ils célèbrent les premiers fruits de la résurrection. Je vais sortir. Il faut oublier aujourd'hui les vieux chagrins; car l'air est frais, et les montagnes sont élevées. Les forêts sont tranquilles comme le cimetière. Cela va m'ôter ma fièvre, et je ne serai plus malheureux dorénavant. »

Je me retournai et j'ouvris la porte de mon jardin. Alors s'offrit à moi une scène toute différente, mais que pourtant mon rêve me faisait trouver en harmonie avec l'autre. C'était une scène orientale : et c'était aussi un dimanche, et aussi une matinée. On voyait dans l'éloignement les dômes et les coupoles légères d'une grande cité... puis une image, prise sans doute de quelque peinture de Jérusalem; et à deux pas de moi, sur une pierre, et sur des palmiers de Judée, était assise une femme. Je regardai de son côté; et c'était... Anna! Elle me fixa d'un regard prompt. Et je lui dis enfin : « Ainsi je vous retrouve après tant d'années! » J'attendais une réponse : elle ne m'en fit aucune. Je recon-

naissais ses traits; pourtant qu'ils étaient changés!
Dix-sept ans auparavant, lorsque la clarté de la
lampe tombait sur son visage, et que, pour la dernière fois, je déposai un baiser sur ses lèvres (qui
n'étaient pas souillées, ô Anna!), ses yeux étaient
baignés de larmes; maintenant elle ne pleurait
plus. Elle semblait plus belle qu'elle n'était alors,
et les années n'avaient laissé sur elle aucune trace.
Ses regards étaient tranquilles; mais ils avaient
une expression grave et solennelle. Je la contem-
plais avec une sorte de vénération; mais tout à coup
elle devint triste, et je vis du côté des montagnes
une vapeur qui s'élevait entre nous. Tout disparut.

Les ténèbres revinrent; et, en un clin d'œil, je
me trouvai bien loin de mes montagnes, dans la
rue d'Oxford, à la lueur de la lampe, marchant à
côté d'Anna... comme nous marchions dix-sept ans
auparavant, lorsque nous étions des enfants tous
les deux.

Décembre 1816.

J'ai étudié l'anatomie dans ma jeunesse, et sérieusement. La première fois que j'entrai dans les salles
de l'école de médecine, je me souviens encore de
l'effet que la vue des cadavres produisit sur moi.
Nous étions deux ou trois écoliers ensemble, qui
revenions d'une classe de philosophie, où l'on nous
avait dit beaucoup de belles choses que nous
croyions probablement avoir comprises. Nous arri-

vons. Il y avait sur la table un grand cadavre étendu dans un drap blanc; on n'en voyait que les pieds; et à côté sur la table, un bras écorché qui nageait dans du sang caillé. Je ne sais pourquoi une idée risible, qui me vint à l'esprit, me fit tressaillir en ce moment. Je me disais tout bas : voilà un bras qui a l'air de demander l'aumône. Et, en effet, la main pendante avait assez cette singulière expression.

Le professeur n'arrivait pas, et cependant j'attendais avec impatience que ce drap qui me cachait le cadavre fût soulevé; cet instant vint enfin; je croyais voir quelque chose de beaucoup plus horrible. La leçon commença. Je riais de mes camarades que le mal de cœur prenait. Mais lorsque le scalpel vint à entrer dans la chair et que le sang noir qui coulait lentement sur la poitrine ouverte commença à exhaler une épouvantable odeur, je m'enfuis à toutes jambes.

Que le caractère de l'homme est bizarre! Il va dans les cimetières arracher les cadavres aux vers et aux corbeaux; une odeur dangereuse et dégoûtante l'avertit de laisser en paix les morts. Mais la soif de connaître l'anime, et il emporte sous son manteau la tête d'une femme ou le corps d'un enfant! Vouliez-vous que le mal de mer arrêtât de pareils hommes et leur ordonnât de s'en tenir au continent, lorsqu'ils voyaient s'élever en rêve, derrière l'Atlantique, les montagnes d'or de la Colombie?

Cependant, rentré chez moi, je voulus manger, cela me fut impossible; j'ai même pris tout à fait en horreur le premier plat qu'on me servit, et il m'a été impossible d'en manger depuis.

Ces impressions reçues dans ma jeunesse donnèrent lieu à un rêve que j'avais assez fréquemment.

Il me semblait que j'étais couché, et que je m'éveillais dans la nuit; en posant la main à terre pour relever mon oreiller, je sentais quelque chose de froid qui cédait lorsque j'appuyais dessus. Alors je me penchais hors de mon lit et je regardais. C'était un cadavre étendu à côté de moi. Cependant je n'en étais ni effrayé ni même étonné. Je le prenais dans mes bras, et je l'emportais dans la chambre voisine, en me disant : Il va être là, couché par terre; il est impossible qu'il rentre si j'ôte la clef de ma chambre.

Et là-dessus je me rendormais; quelques moments après j'étais encore réveillé; c'était par le bruit de ma porte qu'on ouvrait; et cette idée qu'on ouvrait ma porte, quoique j'en eusse pris la clef sur moi, me faisait un mal horrible. Alors je voyais entrer le même cadavre que tout à l'heure j'avais trouvé par terre. Sa démarche était singulière; on aurait dit un homme à qui l'on aurait ôté ses os sans lui ôter ses muscles, et qui, essayant de

se soutenir sur ses membres pliants et lâches, tom-
berait à chaque pas. Pourtant, il arrivait jusqu'à
moi sans parler, et se couchait sur moi; c'était alors
une sensation effroyable, un cauchemar dont rien
ne saurait approcher: car, outre le poids de sa
masse informe et dégoûtante, je sentais une odeur
pestilentielle découler des baisers dont il me cou-
vrait. Alors je me levais tout à coup sur mon séant,
en agitant les bras, ce qui dissipait l'apparition.
Un autre rêve lui succédait.

Il me semblait que j'étais assis dans la même
chambre, au coin de mon feu, et que je lisais devant
une petite table où il n'y avait qu'une lumière ;
une glace était devant moi au-dessus de la cheminée ; et, tout en lisant, comme je levais de temps
en temps la tête, j'apercevais dans cette glace le cadavre qui me poursuivait, lisant par-dessus mon
épaule dans le livre que je tenais à la main. Or, il
faut savoir que ce cadavre était celui d'un homme
de soixante ans environ, qui avait une barbe grise
rude et longue, et des cheveux de même couleur
qui lui tombaient, sur les épaules. Je sentais ces
poils dégoûtants m'effleurer le cou et le visage.

Qu'on juge de la terreur que doit inspirer une
vision pareille : je restais immobile dans la position
où je me trouvais, n'osant pas tourner la page, et
les yeux fixés dans la glace sur la terrible apparition. Une sueur froide coulait sur tout mon corps ;
cet état durait bien longtemps ; et l'immobile fan-

tôme ne se dérangeait pas ; cependant j'entendais, comme tout à l'heure, la porte s'ouvrir, et je voyais derrière moi (dans la glace encore) entrer une procession sinistre ; c'étaient des squelettes horribles, portant d'une main leurs têtes, et de l'autre de longs cierges, qui, au lieu d'un feu rouge et tremblant, jetaient une lumière terne et bleuâtre comme celle des rayons de la lune. Ils se promenaient en rond dans la chambre qui, de très chaude qu'elle était auparavant, devenait glacée, et quelques-uns venaient se baisser au foyer noir et triste, en réchauffant leurs mains longues et livides, et en se tournant vers moi pour me dire : « Il fait bien froid. »

Comme dernier exemple, je cite un rêve d'un caractère différent, qui m'arriva en 1820.

Le rêve commença par une musique que j'entends aujourd'hui souvent dans mes songes ; une harmonie qui semble m'annoncer ce qui doit m'arriver : c'est comme l'ouverture de *Coronation Anthem*, une marche vigoureuse, le bruit d'une armée immense. Je croyais être au matin d'un jour mémorable ; un jour de crise et d'espérance pour le genre humain, affligé alors d'un malheur mystérieux et se débattant contre quelque terrible extrémité. Quelque part, je ne sais où ; d'une sorte, je ne sais laquelle ; entre des gens, je ne sais qui, il y avait un combat, une lutte, une agonie, qui se déroulait comme un grand drame ou comme un grand morceau de musique ; et j'y prenais une telle part qu'il m'était insupportable de n'en connaître ni la place, ni la nature, ni l'issue probable; et comme, dans de semblables visions, nous nous faisons ordinairement le centre de tous les mouvements qui se passent autour de nous, j'avais le pouvoir d'éclaircir mes doutes en me levant, et cependant je m'en sentais incapable, car le poids de vingt montagnes pesait sur moi, en punition d'un crime que je ne pouvais jamais expier. Alors, comme un chœur qui se rapproche, l'action augmentait de force; un grand intérêt se décidait; une cause plus grande que jamais épée n'en avait plaidé, trompette n'en avait proclamé. Venaient les alarmes, les froissements de la mêlée, les trépignements de pieds d'innombrables fuyards, je ne savais s'ils étaient du bon ou du mauvais parti; les ténèbres et les lumières, la tempête et les faces humaines, et enfin, lorsque tout était perdu, des figures de femmes avec des visages dont la vue valait pour moi le monde entier, et qui ne restaient qu'un moment : elles se serraient la main; c'étaient des adieux déchirants, et puis, adieu pour jamais ! et avec un soupir, semblable à celui que poussaient les abîmes de l'enfer, lorsque Proserpine prononçait le nom maudit de *mort*, le son était répété : — Adieu pour jamais ! et encore et encore répété : — Adieu pour jamais !

Et je m'éveillai dans des convulsions; et je criai tout haut : « Je ne veux plus dormir. »

Mais il est temps de terminer un récit qui s'est

déjà trop étendu. L'intérêt du lecteur s'attache à l'opium, non au *mangeur d'opium*. Il lui suffira de savoir qu'il vint un moment où je vis que j'allais mourir si je continuais. Je ne puis dire combien j'en prenais alors. La quantité des doses variant de cinquante ou soixante grains à cent cinquante par jour. Je la réduisis d'abord à quarante, puis à trente, puis enfin à vingt-quatre grains. Mais qu'on ne croie pas mes souffrances terminées. Je passai quatre mois à me débattre, à crier, à me promener, à m'agiter sans pouvoir fermer l'œil. Telle est la morale de l'histoire que j'ai promise au lecteur dans mon avant-propos. Mes rêves ne sont pas parfaitement tranquilles; mon sommeil est encore tumultueux, et, comme les portes du paradis de Milton (après le péché du premier homme),

Armé de bras vengeurs et de faces hideuses.

FIN DU MANGEUR D'OPIUM

NOTE

Il est difficile de déterminer la part de collaboration d'Alfred de Musset dans *l'Anglais mangeur d'opium*.

Nous avons fait venir de Londres une édition des *Confessions of an English opium eater*, datée de 1823, c'est-à-dire antérieure de cinq années à la traduction de Musset.

Nous avons remarqué des passages qui n'existent plus dans le texte français, et d'autres, au contraire, qu'on ne retrouve pas dans le texte anglais.

Parmi ces derniers :

Le rêve madrilène, où semble poindre le goût de Musset pour les balcons et les guitares;

*La scène tout entière du *Bal* et du *duel en chambre*, dont le ton romantique se trahit par des exclamations traditionnelles, telles que : *Mort et damnation !*

Et l'épisode de l'école de médecine, avec ses funèbres développements, qui est incontestablement de Musset.

A. H.